获奖证书

荣誉证书

吴群学同志：

鉴于您在中层管理专业领域企业教育培训工作中成绩突出，授予：**第八届中国企业教育专业十佳培训师**

特颁此证，以资鼓励。

中国企业教育百强组委会

二〇一二年八月

⊙ 荣获 2012 年中国企业教育十佳培训师称号

2011影响深圳培训业20位风云人物 - 吴群学

民营经济报　经理人杂志社　中国企管名家研究院

2011.11.25

⊙ 荣获 2011 影响深圳培训业 20 位风云人物之一

荣誉证书

吴群学 老师：

荣获中华讲师网、中国品牌讲师委员会授予的“2010年度品牌讲师”称号。

特颁发此证，以兹鼓励。

中华讲师网
中国品牌讲师委员会
2011年1月

⊙ 荣获 2010 年度品牌讲师称号

荣誉证书

吴群学 老师在2009年由中华讲师网、阿里巴巴直播中心、美国全球竞争力研究院联合主办的首届“全球500强华人讲师”评选中荣获 全球500强华人讲师 的称号，特颁发此证。

全球500强华人讲师评选组委会
2010年1月

⊙ 荣获 2010 年全球 500 强华人讲师称号（评选排名第 89 位）

总裁密码

三维法则与九段总裁智慧
操盘实战策略

ZONG CAI MI MA

吴群学◎著

中国财富出版社

图书在版编目（CIP）数据

总裁密码：三维法则与九段总裁智慧操盘实战策略 / 吴群学著. —北京：中国财富出版社，2012.11

（中国100强名师名作）

ISBN 978-7-5047-4476-0

Ⅰ.①总…　Ⅱ.①吴…　Ⅲ.①企业管理　Ⅳ.①F270

中国版本图书馆CIP数据核字（2012）第226068号

策划编辑	黄　华	**责任印制**	方朋远
责任编辑	丰　虹	**责任校对**	孙会香　梁　凡

出版发行	中国财富出版社（原中国物资出版社）		
社　　址	北京市丰台区南四环西路188号5区20楼	**邮政编码**	100070
电　　话	010-52227568（发行部）		010-52227588转307（总编室）
	010-68589540（读者服务部）		010-52227588转305（质检部）
网　　址	http://www.clph.cn		
经　　销	新华书店		
印　　刷	北京京都六环印刷厂		
书　　号	ISBN 978-7-5047-4476-0/F·1841		
开　　本	710mm×1000mm　1/16	**版　　次**	2012年11月第1版
印　　张	16.75	**印　　次**	2012年11月第1次印刷
字　　数	224千字	**定　　价**	39.80元

⊙ 荣获 2010 年最佳中层管理专家奖称号

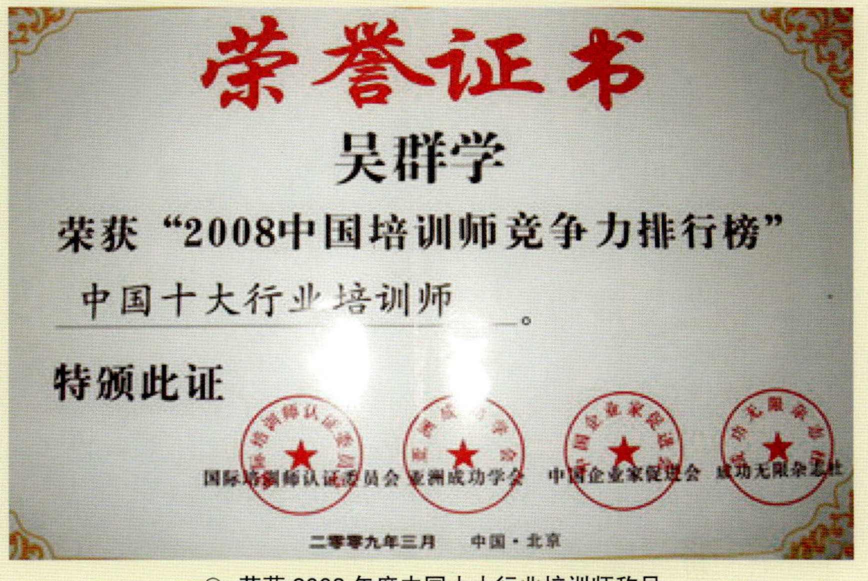

⊙ 荣获 2008 年度中国十大行业培训师称号

培训合影

⊙ 裕元集团《管理就这几招》培训合影

⊙ 福田汽车《管理就这几招》培训合影

⊙ 盛和伟业《管理就这几招》中高层合影

⊙ 中联中科《管理就这几招》培训合影

⊙ 宁夏中电铝业《管理者如何带好队伍》培训合影

⊙ 广州北鸣举办《管理就这几招》精品班

⊙ 作客北鸣学习机构举办《车间经理管理技能提升》培训合影

EMBA合影

⊙ 郑州大学 EMBA《三维法则与九段总裁智慧》培训合影

⊙ 海洋大学 EMBA《三维法则与九段总裁智慧》培训合影

⊙ 华北大学 EMBA《三维法则与九段总裁智慧》培训合影

⊙ 山东大学 EMBA《三维法则与九段总裁智慧》培训合影

⊙ 安泰经管学院 EMBA《三维法则与九段总裁智慧》培训合影

大型演讲

⊙ 作客聚成集团举办《如何有效引导后 80&90 后》大型演讲

⊙ 作客海轩国际教育机构举办《管理就这几招》大型演讲

⊙ 作客时代光华举办《管理就这几招》大型演讲

⊙ 广东欧派集团《管理就这几招》大型演讲

⊙ 作客总裁网同一首歌《卓越管理的四把剑》大型演讲

主办单位 北京联大文化发展有限公司 北京盛世卓杰文化传媒有限公司

主办官网 http://www. sscbw. com

出版支持 中国财富出版社

渠道支持 当当网 dangdang.com 亚马逊 amazon.cn 京东商城 360buy.com 新華書店 XINHUA BOOKSTORE

战略支持  

北漂

（一）

这天下着雪又飘着北风
我从黑龙江一路驰来
看见了秋千和老树
看见了山道和栅栏
看见了树梢和雪地
我看见了麦田里的穗
看见了小瓦房和煤矿
你信不信
我看到一个人的仓促
与一片时间的淡定
那就是我轻轻的转身和踏歌而去的背影
去年金秋九月，我启程动身
这一路走得好辛苦
一路走过沼泽、泥潭、荒坡和枯草
想把丰收的颜色一点一点
插上枝头

可是这个秋未有太多的收获
却留下了许多感动的瞬间

(二)

冬天的大幕毕竟已经拉开了
我在寒冷的北方
此时穿过许多即逝的面孔
以及地面开始泛黄的楼群
枯萎的街道和老气横秋的路灯
我将用一条黑色橡皮筋把乡愁锁住
让它在即将来临的春节绽放

(三)

这个冬天，我的眼睛
全是飞跃的激情
全是目标与期待
请允许我向森林投奔
像田野投放
一个人的内心
有山、有树、有水、有雪
挣脱泥土的腥味和
词语的枷锁
记得今晨9点30分的雪花
雪花一地
漂白多年的青丝
我忽然想听

齐秦大哥的曲子

我是一只来自北方的狼

在无垠的旷野中

真的看到这个景想到这个歌

突然寂寞高悬

我坐在车里望着窗外远处

看那叙述的白

只为测一测，我目光的温度

(四)

从黑龙江到了北京

天晴了

这简直就是两个世界

心情也随着天气变得活跃起来

冲着一直到了天安门

我再一次踏上这个神圣的广场

用眼睛去寻找自己的足迹

这个黄昏的广场燃烧得格外干净

而那年的暮色

至今未干

流浪者

我才是北漂的流浪者

来自长江的灵魂

请允许我写一首诗

就以梧桐叶为诗

为我弹一段琴

就以桐花为琴

细水长流的日子

我瘦成一个干瘪的字眼

一个人一台灯

文字摊开又拉近

夜光杯里的倒影，竟是

点点乡愁、豪情万丈

吴群学

2011 年 11 月 23 日 19 点 18 分于北京

回归总裁本位，成就企业未来

在中国不缺少企业，但缺少真正的企业家！

在中国不缺少人，但缺少大量专业人才队伍！

在中国不缺少战略，缺少的是战术执行的执著！

一个企业总裁要问自己三个问题：你是谁？为了谁？谁最美？这三个问题总裁要有所知、有所悟、有所为。这就是三维智慧。

3×9=27——总裁经营密码！

“3”是三维，“×”是倍增，“9”是九个阶段，“=”是得到，最后一个“27”即“2+7=9”，是企业找到了成功密码，也就是企业天长地久之意。

什么是三维？

江泽民说过：“三个代表”即中国共产党始终代表中国先进生产力的发展要求、中国先进文化的前进方向、中国最广大人民的根本利益！

胡锦涛讲过：权为民所用、情为民所系、利为民所谋！

我自己经常在课堂上对老总们说：做领导要有“先进的理念，创新的方法，执著的信念”。我总结了一下，中国成语里带“三”字的是最多的，如三分天下、三思而行、三足鼎立、三阳开泰、三生有幸……

最有价值的还算是古代《三字经》的智慧。在时间与空间的表述上有三维思想的如昨天、今天、明天；过去、现在、将来；首先、其次、最后；第一、第二、第三；上面、中间、下面……

这一切我总结为管理的三维智慧，即从三个层面、三个角度、三个出发点去剖析企业管理的方法与智慧。我把三维称为“一种结构性思维”。

这本书不一定是您看过的最好的书，但一定是您最想要的！因为全书有一个系统的概念，即“三维”。它像一根线一样贯穿整本书的始终，也是这本书最有价值的地方。因为做企业就是做思维，即思维决定行为、思路决定出路；定位决定出位、出位决定地位；低头决定抬头、埋头决定出头；胸怀决定规模、角度决定宽度、布局决定结局……我深信这些一定可以引起您的思考。

一个企业若想获得长足的发展与突破，必须在各方面进行不断的创新与提升，而在影响企业发展的各项因素中，总裁的能力、远见、智慧与策略等方面对其发展的影响是至关重要的。尤其是在入市保护期逐渐远离的市场大环境下，许多国际大企业正以迅猛急速的发展之势争夺着世界经济发展的大蛋糕。中国企业要想获得长期的生存和发展就要不断磨砺自己的各项硬件与软件，以全新的发展动力、全面的运作能力以及全方位的策略视角来面对自身企业的革新与发展，以抵御更为强大的竞争对手与市场考验。饱含着血雨腥风的商战时代即将到来，作为企业发展的掌门人，各位总裁是否跃跃欲试、准备充分了呢？

由《企业家发展时报》发起的一项名为“影响企业未来发展实力与规模”的行业调查报告中，一共列举了6项对企业未来发展有重大影响的因素，其中包括市场环境、资金流通、产品质量、总裁实力、营销方式以及团队执行。调查结果中各个因素所占的比例分别为：市场环境17%、资金流通10%、产品质量13%、总裁实力33%、营销方式15%、团队执行12%。可见总裁实力是影响企业发展各项因素中最为重要的一个，企业总裁必须全面提升自我在企业管理中的各种能力，成就企业未来发展的大格局。

一个想要长久发展下去的企业，始终要靠策略取胜，而不是单靠品牌和资本去硬性对抗。掌握了竞争策略，才能解决或规避企业发展中面临的技术低下、品牌效应不高、资金量短缺等问题，并寻找新的发展契机，而这些恰恰是中国企业普遍存在的问题。我国绝大多数企业徒有经营战略而没有管理策略，企业中80%以上的问题都不是战略问题，而是因为总裁的策略有问题。谁掌握了成熟的策略，谁就能在商战时代中创造企业奇迹。

本书以总裁经营自己为主导，以经营企业为主体，以总裁三维智慧为主线，从三维这一理念出发，通过帮助总裁转换思维和方法来改善原有模式，为中国企业发展寻求突破、创造机遇。

同时，本书区别于市场同类书籍的最大特点就是，在每一个总裁段位章节的内容介绍中，都设置了段位的韬略分析，即掌握此段韬略的重要作用与学习的必要性；在韬略分析之后，会从三个维度来具体阐述此段位实施的要求和方法，即三维智慧风暴实战策略。完善的结构安排与全面的内容设计必将为各位总裁带来创新思维与发展突变的启迪。

当今总裁必须动于九天之上，遁于九地之下；慧通天下，才能财通天下。要达到这一目的，就必须采取总裁策略，从九段韬略中找到最适合你的一段，或者你全权统领九段，结合三维智慧，术、势、道三维合一，达到总裁最高境界。

逐鹿中原，速度致胜，本书即是你在短时间内学习经营技巧、加快企业发展速度、超越竞争巨头、赢得商场最终胜利的最佳选择。

衷心祝愿中国企业家站于世界之巅，立于民族之林，为人类创造美好生活！

吴群学

2012年4月21日于合肥

第 1 章 总裁极限决定企业未来命运 …………………………… 1

有企业，就一定是企业家吗 ………………………………… 3

发展看似稳，危机悄然至 ……………………………………… 6

总裁为何总是感到经营企业困难 …………………………… 9

总裁极限决定企业未来命运 ………………………………… 12

企业发展壮大势在破立 ……………………………………… 16

第 2 章 开启九段韬略与三维智慧 …………………………… 21

解决中国企业总裁典型问题 ………………………………… 23

导入九段策略，驶入发展快车道 …………………………… 26

思维的隐性层面：三维立体，多维推进 …………………… 30

倒冰山效应：发掘隐性策略 ………………………………… 32

站在巨头的肩膀，从九段开始做企业 ……………………… 35

第 3 章　一段总裁：做榜样，让学习快速爆破爆发 …… 39

一段韬略分析 …… 41

身先足以率人 …… 42

律己足以服人 …… 46

三维智慧风暴实战策略 …… 50

事前：参与到位 …… 50

事中：及时沟通 …… 53

事后：总结优化 …… 57

第 4 章　二段总裁：做说教，凤舞九天感召天下人 …… 61

二段韬略分析 …… 63

教：理念与思维 …… 64

导：方法与技能 …… 68

三维智慧风暴实战策略 …… 72

岗前：指导 …… 72

岗中：督导 …… 76

岗后：辅导 …… 79

第 5 章　三段总裁：做文化，让企业经营变得轻松艺术 …… 83

三段韬略分析 …… 85

做企业就是做文化 …… 86

文化是统一核心思想的灵魂 …… 95

三维智慧风暴实战策略 …… 99
梳理：晨会、餐会、夕会 …… 99
深植：冻化、优化、固化 …… 103
提升：讲心得、讲案例、讲故事 …… 106

第 6 章 四段总裁：做机制，打造企业一流执行铁军 …… 111

四段韬略分析 …… 113
用机制管理人的行为 …… 114
有激励才有人去执行 …… 117
三维智慧风暴实战策略 …… 120
制前：目标明确 …… 120
制中：流程准确 …… 123
制后：激励精确 …… 126

第 7 章 五段总裁：做模式，从跟随者到创造者的蜕变 …… 131

五段韬略分析 …… 133
企业不赢利，模式有问题 …… 134
创造价值、传递价值、获取价值 …… 137
三维智慧风暴实战策略 …… 141
市场：细分客户，满足价值需要 …… 141
运营：渠道通路，人脉通达 …… 145
行销：蜕掉发展外壳，拿下关键业务 …… 149

第8章　六段总裁：做复制，就是从加法做到乘法 …………… 153

六段韬略分析 …………………………………………… 155

企业复制力：持续成功才是真正的成功 ………………… 156

让团队呈“几何级成长” ………………………………… 160

三维智慧风暴实战策略 …………………………………… 163

战略：高层做大节 ……………………………………… 163

战术：中层定环节 ……………………………………… 166

战斗：基层要细节 ……………………………………… 170

第9章　七段总裁：做进化，从优秀十足到完美收官 ………… 175

七段韬略分析 …………………………………………… 177

进化管理是企业生存规律 ……………………………… 178

优胜劣汰才能打造强执行团队 ………………………… 181

三维智慧风暴实战策略 …………………………………… 185

输血：引进、融合、提升 ……………………………… 185

造血：成长、成才、成功 ……………………………… 188

换血：考核、竞技、淘汰 ……………………………… 191

第10章　八段总裁：做战略，天人合一撬动市场 …………… 195

八段韬略分析 …………………………………………… 197

企业发展不能只见树木不见森林 ………………………… 198

方向不对，努力白费 ……………………………………… 202

三维智慧风暴实战策略 …… 205

核心：产品要贵气 …… 205

魔力：策划要大气 …… 208

关键：团队要士气 …… 211

第 11 章　九段总裁：做未来，经营人才方能赢天下 …… 217

九段韬略分析 …… 219

只有先做未来，才能拥有未来 …… 220

领跑者与跟随者的较量是比人 …… 223

三维智慧风暴实战策略 …… 227

变革：了解人、认识人，无所不能 …… 227

整合：选对人、育对人，基业常青 …… 230

颠覆：会做人、只做人，锦绣前程 …… 234

后记　鹰之重生，点燃生命之光 …… 238

总裁密码

第1章

总裁极限决定企业未来命运

有企业，就一定是企业家吗

21 世纪是一个发展与机遇并存的时代，人才既是这个时代最大的财富也是能够创造最大财富的有利武器。企业就好比一个霓虹闪耀、千变万化的绚丽舞台，给予优秀人才展示自我和发展自我的空间与平台，以便使人才的技能得以发挥、特长得以展示、能力得以转化，甚至顷刻间的华丽转身便走入了企业家的行列。但是，在这个发展速度如此之迅捷、市场变化异常之难测的时代，有企业，就意味着一定是企业家吗?答案是否定的。

企业家，顾名思义就是企业的家长，作为企业的直接负责人，他们在拥有企业的同时仍然肩负企业的日常管理与营运规划方面的整体工作，并对企业的发展和赢利情况承担全部责任。但是，并不是拥有一家企业，就可以顶着一个企业家的头衔和名号。很多人都会认为，作为一位企业家，一定都会拥有敏锐的洞察力、拼搏向上的动力、敏捷的发散思维以及对机会的把握能力等。说的没错，以上这些条件都是成为企业家的必要条件，但非充分条件，尤其是机会，幸运地碰到了良好的机会，又幸运地将其抓在了手里，也许你的企业就这样应运而生，但这只能说明你是一个创业家。如何成为一名真正的企业家，就需要将短暂的激情和机遇幻化成长期不懈的发展动力和探索脚步。

真正的企业家应当是一名经办实业的优秀人才，这不是自封的、继承的，更不是任命的，而是依靠在变幻莫测的市场经济大潮中摸爬滚打和在千百次历练中脱颖而出的。

作为一名真正意义上的企业家，应当具有现代的经营管理知识、掌握先进的科学技术知识、拥有过人的胆量和适当的冒险精神以及创新意识，具有强烈的社会责任感，同时企业家的行为必须接受或符合当前市场经济的发展规律、价值观念与行为准则。

总之，一名真正意义上的企业家不仅仅是抓住机会创立企业，更重要的是必须通过长期不懈、持久性的经营、发展与创新自己的企业，不断地开辟市场，满足经济和社会发展需要，不断创造更大的利润，最终在实现自我价值的同时推动社会的前行与进步。

在我国古代，孙子曾经提出过“五德”的为将标准，即“将者，智、信、仁、勇、严也”。“智”指智谋智慧，足智多谋，聪慧过人；“信”指诚信信任，赏罚有信，信任他人；“仁”指仁爱包容，关爱下属，容纳他人；“勇”指勇敢坚定，处世勇敢，态度坚定；“严”指严明谨慎，法令严明，为人谨慎。在我国古代的兵书《将苑》中，也对“将才”所需具备的优秀道德品质做过如下描述：所谓将才，要有过硬的心理素质、过人的智谋胆量、精湛的军事技艺、优秀的领导魅力以及超前的预见能力等；同时还需要具备五种优良品质，即身体力行、遵守信义、高风亮节、深谋远虑、宽以待人以及尊敬父母尊重师长。

正所谓商场如战场，现代社会中，企业家要比古代的将帅面临更多更大的挑战、更加复杂多变的外部环境以及承担更大的精神压力，所以打江山容易守江山难，虽然创造了企业，但创造企业的人未必都是真正意义上的企业家，真正的企业家应当如古代的将帅一般需具备诸多的必备条件方可统领企业朝着更为广阔的空间发展和迈进。

1. 真正的企业家需要具备丰富的知识素质

丰富的知识素质指的是作为企业的最高负责人需要掌握一定的经济管理知识、企业管理知识、市场管理知识以及必要的行政管理、财务管理与人力资源管理等知识，同时还应具备广泛的科学文化知识、法律常识以及心理学知识。具备丰富且广博的知识储备是作为企业的管理者以及企业总裁所必备的基本要求，一个没有文化底蕴的总裁是没办法带领企业走向更加长远的发展之路的。无论是联想集团的总裁柳传志、海尔集团首席执行官张瑞敏，还是蒙牛集团总裁牛根生，都是具有高级工程师职称及工商管理学硕士学位的高级管理人才，所以他们的企业才能在风起云涌的市场竞争中始终立于不败之地。

2. 真正的企业家需要具备敏锐的智力素质

敏锐的智力素质指的是要具备精细谨慎的思考分析能力、对各项事物敏锐的观察力和洞察力、丰富的创新意识与想象力以及超强的预感与预见未知的能力等。著名的和记黄埔总裁李嘉诚曾经就是一名塑料玩具厂的推销员，但他精明能干、眼光独到，不到20岁便升任了玩具厂的总经理，两年后，他把握时机，用省吃俭用的7000美元创办了自己的塑胶厂，并命名为“长江塑胶厂”。正是因为李嘉诚敏锐的洞察力和超强的预见未知的能力才创造了今天其辉煌的业绩。

3. 真正的企业家需要具备顽强的心理素质

顽强的心理素质主要包括自我调节的能力、团队意识、自信心、耐心、大度、包容、毅力、韧性，尤其是经营企业的社会责任感等；同时作为企业家还应当具备良好的语言表达能力、适应能力、人际交往能力、思维力、决策力、指挥力以及良好的协调能力。

所以，想要成为一名真正意义上的企业家，就不应当把眼光仅仅局限和定位为某个方面，而是要全面发展、全面开花，将自己打造成多面手，即要成为思想家、战略家、规划家、军事家、艺术家、慈善家甚至批判家。

发展看似稳，危机悄然至

一个企业的发展与壮大就好比大海上行驶的巨轮，看似正常平稳地始终向着目的地进发，殊不知，海面上的环境可能随时会乌云密布、阴雨连绵或是狂风大作；前方的某个地方也可能潜藏暗礁和冰山；前进中的巨轮自身也可能出现各种各样的小问题，只是所有的这一切目前还尚未发生，但是危机已经悄然向巨轮袭来。作为巨轮的掌舵者——企业总裁就要在经营企业的过程中，时刻具备高瞻远瞩的发展眼光和预见未来的超然能力，方能化危机为平稳，帮助企业在危机四伏的商场战争中始终傲视群雄，立于竞争与发展的不败之地。

企业在发展运作的过程中，由于外部环境的变化以及自身管理方面等诸多问题，极容易出现各种各样的发展危机。危机的出现不见得都是坏事，反而可以将其看做是好事，因为在碰到危机之后，通过冷静的分析、积极的思考方法和找寻应对的策略，在勇敢的面对之后，也就是通过各方面的努力最终战胜和击败它，方能获得更大的成长与更为广阔的发展空间，才能经历考验、拓宽视野，从而增加对危机的处理和驾驭能力以及全面的抵御能力。

总裁是企业的灵魂，是全方位领导企业走上良好发展之路的开拓者和领头人，同样当企业面临危机的时候，总裁也理应挺身而出，带领企业员工直面危机，并努力运用各种方法化解危机。从目前市场经济的发展状况来看，企业可能面临的危机主要包括金融危机、诚信危机、运营危机、资金危机、用工危机甚至破产危机等各种各样的生存类危机。

作为总裁，应当具有准确预见危机的能力。

企业在发展和运营的过程中，总会潜藏着各种各样的问题，这些问题可能来自于外界也可能来自于企业自身，作为企业的第一负责人也就是企业的总裁，如果没有很好的加以关注和重视，便容易遭遇各种企业危机。不论是中小企业，还是大企业，都会不可避免地发生有关产品、信誉、诚信、价格、用工等方方面面的危机，并已逐渐成为企业发展道路上的拦路虎。而危机管理的最好办法就是能够准确预见，即建立危机预警系统。作为企业的总裁，应当未雨绸缪，在自己和所有员工的头脑中时刻树立强烈的危机意识，营造一个“危机”的氛围；在日常工作中加强培训和宣导，使企业所有员工在激烈的市场竞争中时时充满危机感，理解企业有发生各种危机的可能性，并训练各级员工在危机来临之后的反应能力以及事件处理能力。

现实生活中，大多数企业对于危机的处理往往是事后着急、亡羊补牢，但恰恰相反的是，对可能发生的危机进行良好的预防与控制才是最为有效、最为简单、成本最低的方法。著名的企业家日本松下株式会社原总裁松下幸之助先生在总结其企业的成功经验时，提出的重要一点就是，长久不懈的危机意识是使组织立于不败之地的基础。所以，对于企业总裁来说，在管理企业的过程中应当时刻具有准确预见危机的能力。

1. 作为总裁，应当具备判断危机类型的能力

作为总裁，仅仅具备危机的预见能力还是远远不够的，因为不同的危机所产生的影响、带来的问题以及解决的对策都是不同的，所以还应当具备准确判断危机类型的能力。如何准确判断企业危机的类型，这就需要总裁在日常的企业管理工作中对发生频次较高的危机以及企业较容易碰到的危机能够做出很好的分类、判断与总结；了解不同危机可能给企业造成的影响和伤害以及带来损伤的程度，同时还要具有敏锐的嗅觉，方能对企业危机的类型进行很好的判断，从而避免"临时抱佛脚"情况的发生，及时采取积极有效的方法策略加以预防和处理。

2. 作为总裁，应当掌握处理并化解危机的能力

危机的发生具有很强的突发性和随机性，作为企业总裁虽然具备了一定的对危机的预防能力和判断力，但是危机的发生依然防不胜防，掌握处理危机的策略和方法是企业总裁必须具备的一项重要能力。危机不等人，速度是关键，面对企业发生的危机，企业总裁必须第一时间作出判断和处理，迅速作出反应，及时采取各种补救措施，并有意识地、主动地化危机为契机，将坏事变好事，借题发挥、因势利导，这样不仅可以恢复个人和企业的名誉，还能进一步提升企业的影响力和美誉度，正所谓一个具有领导力的总裁和一个优秀的企业越是在危机到来的时刻，越能够看出其整体素质和综合实力。

例如，百事可乐与可口可乐的较量一直难分高下，但是之前百事可乐所遇到的一次危机事件却差点将其挤出市场竞争，那就是众所周知的“针头事件”：一位太太给孩子们买了两大瓶的百事可乐软饮料，但当喝完第一瓶的时候，却突然发现第二瓶里面有一个注射器的针头，于是严重的产品质量危机立刻将百事可乐推上了风口浪尖。百事总裁英德拉·努伊迅速作出反应：百事可乐首先向这位太太道歉，请她讲述事情的经过，感谢她对百事饮料的支持和信任，同时对她进行补偿，并邀请她参观生产车间和产品线，保证产品是没有质量问题的，并向公众说明针头极有可能是饮料离开生产地之后在运输和销售的过程中人为放进去的，于是此事件很快得到了平息，百事可乐的销售也很快回到了之前的水平，甚至还吸纳了许多新顾客。

总裁为何总是感到经营企业困难

企业的经营管理工作是一项全面系统的工程，在这项庞大系统的工程中，企业总裁所承担的角色不仅是企业的核心领导，更是所有环节与流程的掌控专家，不仅要对公司的各项工作内容进行监督与决策，更要对公司的整体运营发展情况承担责任。企业总裁所要扮演的角色太多太多，虽然在企业发展的舞台上，总裁并不是一个人在舞蹈，但却要保证所有舞蹈动作的整齐与节奏的顺畅，对舞蹈的整体效果负责。所以企业总裁所要承受的压力可想而知，企业经营管理的复杂不易我们也是有目共睹的，因此在企业发展艰辛与希望并存的发展之路上，企业总裁们往往会感到经营企业的困难。如何冲破阻力摆脱困难？如何提升自我全面创新？如何在竞争激烈的市场竞争中笑傲江湖？最重要的解决方法便是尽快提升总裁的管理能力与发展段位。

当今世界的市场经济可谓是风起云涌、厮杀惨烈，稍不留神或偶尔的放松警惕就可能被挤出行业的竞争圈。同一块经济效益与利益的大蛋糕如果放在十年前可能就十个企业分得，但是放到现在，就可能演变为成千上万的企业去拼抢，不仅企业越来越多，同一个行业相互竞争的企业也越来越多，面对如此残酷的市场竞争，作为企业总裁往往会有力不从心的时候，偶尔会感到企业经营走向了困难的瓶颈或正面临难以突破的重围。

企业在经营发展的过程中，永远的一帆风顺几乎是不可能实现的，在前行和壮大的过程中偶尔碰到这样那样的困难和阻碍也是正常的。但是，为什么有的总裁在经营企业的过程中总是会感到困难重重，常常处于紧张忧虑的状态？归纳原因，首先说明企业发展面临的外部环境总是处于变幻莫测的状态，从而让企业感到有些无所适从，发展的速度跟不上变化的脚步；其次说明其他同行业的诸多企业正在以雨后春笋之势蓬勃崛起和壮大，强劲的追赶之势足以让总裁们感到窒息和压力；最后，总裁感到经营企业越来越困难，从另一个角度来说也是在传达一种好的信息，说明企业总裁已经逐渐认识到自身的素质与知识储备以及发展谋略与思维等亟待进行全面的提升和优化，方能自如应对如此变幻莫测的企业商战。

1. 企业生存与发展的大环境总是处于瞬息万变之中

任何企业都不是孤立存在的，其生存与发展都离不开一定的外部条件，甚至是必须要依赖外部条件，外部环境与企业发展之间总是存在着千丝万缕的关系。实践证明，地区经济的发展与繁荣很大程度上取决于是否拥有一大批具有潜质和活力的企业，同样，企业的拓展与活力除了依赖自身的管理运作与资本实力等内部因素外，还离不开良好的外部生存与发展环境。随着经济全球化的不断深入，外部环境对企业竞争力的影响日益加深，多元化的各项环境因素的制约和影响，使得地区与地区之间的竞争已不仅仅是企业与企业之间的竞争，而更多的是开始转向生存环境之间所具优势和资源的竞争。但是，企业所面临的外部环境却不是一成不变的，反而总是处于瞬息万变之中，作为企业总裁如果想更好的加以掌控和利用，就要具有良好的对外部环境的预知、适应和驾驭掌控能力，从而能够及时随着环境的变化而变化，让环境时刻为自己的企业所用。就像2007—2009年爆发的全球范围的经济危机，直接导致多家世界知名企业走向了破产和倒闭的末路，但是仍然有很多企业由于未雨绸缪或准备充分，在危机的冲击下不仅存活了下来，反而丰满了羽翼，扩大了影响，例如美国比尔·盖茨旗下的微软以及中国马云旗下的阿里巴巴。

2. 竞争对手的迅猛崛起与追赶让总裁压力陡然增加

如今的世界是弱肉强食、适者生存的时代，由于我国改革开放的大力推进以及全球经济一体化的影响作用，致使企业的发展犹如雨后春笋般势头迅猛，难以抵挡，世界经济资本正在被越来越多的竞争企业所争夺，尤其让众多企业总裁感到压力倍增的是，同一行业的竞争者也在批量复制，数量猛增，企业的发展正面临着翻天覆地的变革与各项现实问题的考验。

如果提到碳酸饮料行业的两大巨头那非百事可乐与可口可乐莫属，他们之间的竞争和挑战从未停止过；连锁超市企业中家乐福与沃尔玛也是你争我夺，互不相让；同样是相互对立竞争的企业例如连锁快餐业的肯德基和麦当劳、中国西点蛋糕行业的米旗与好利来、淘宝网和京东商城、新浪与搜狐等都时刻在保持着竞争的态势，也许稍不留神或偶尔放松警惕就会给对手以可乘之机，将自己辛苦积攒的客户拱手相让。

3. 企业总裁亟待全面提升各项管理能力与综合素质

企业的经营遇到困难，发展进入瓶颈，其实外部的因素都难以取代内部的动因，作为企业总裁，如果已经着实感到自己在经营和管理企业的过程中有些力不从心，那充分说明总裁自身的知识储备、眼界视野以及素质能力等亟待提升到一个新的段位和水平，方能驾驭企业的进一步发展和壮大。

无论是新东方集团总裁俞敏洪、SOHO 中国有限公司董事长潘石屹、阿里巴巴公司总裁马云还是雅虎总裁周鸿伟，他们的企业之所以发展多年依然屹立不倒地活跃于中国甚至世界经济发展的舞台之上，一个不可忽视的重要原因就是这些企业的总裁能够随着外部环境以及自身企业发展的需要而不断提升自己的素质与能力。

总裁极限决定企业未来命运

一个企业发展的好坏程度，企业的直接负责人也就是企业的总裁在其中扮演着非常重要的掌控角色，虽然不是唯一原因，但是可以肯定的一点就是，一个各方面能力突出、素质优秀且眼界开阔的总裁，才能带出精明强干的业务团队，才能建立起一支作战力强的团队，从而方能在竞争激烈的市场中占有一席之地。企业家的行为无时无刻不在影响着组织内的员工，影响着企业的发展方向与前进势头。同样，企业未来的发展命运也多半掌握在总裁手中，总裁的管理能力与素质极限将直接关系到企业未来的命脉走向甚至生死存亡。

市场经济的多变与商场竞争的严酷，让越来越多的企业在面对未来发展之路的时候增添了几分畏惧与担忧，尤其对于企业总裁来说，一个企业的成长与成熟就好比是面对自己的孩子，看着通过自己的教育与培养，孩子每一天都在发生着令人欣喜的感动和变化，自己的心中便充满成就感；但是对于孩子的未来，又不免心生几分担忧，如何保证孩子的未来一样精彩和优秀，作为家长就要想方设法地提升自己的培养教育能力，同时更重要的是要以身作则、言传身教，不断对孩子施加正面的影响与积极的鼓励。

作为企业总裁，你的每一个决策、每一条指令甚至每一个想法都会直接或间接地影响到企业未来的发展程度与发展方向。总裁的自身段位与能力极限并不是一蹴而就的，而是在不断学习与磨砺的过程中，在经营企业与经验积累的缓慢过程中逐渐提升与增强的，总裁的各方面能力会直接作用于企业的员工以及企业的发展，反过来企业与员工自身发展的影响也会反作用于企业总裁。总裁与企业面临的是共同的成长与发展，二者相互作用且相互影响。所以，企业总裁在为自身负责的同时，更要注重对企业各方各面的影响与负责，坚定而踏实地走好每一步。

1. 总裁的决策谋略，决定企业未来发展规模

企业未来的发展规模与强大程度，很大一部分就在于总裁对企业未

来发展方向的宏观把握以及所做出的每一个重要决策和谋略。这就要求企业总裁能够时刻关注市场经济的发展方向与整体趋势，并对同行业竞争者的实力等情况做到明察秋毫、心中有数，从而在制订方针决策的时候胜算在握，将企业未来的发展命运牢牢掌握在自己手中。SOHO 中国有限公司的董事长潘石屹，早在 20 世纪 80 年代就认识到了房地产行业的巨大潜力与发展空间，于是在投身房地产行业的开发建设工作以后，他所做出的每个决策，制订的每个谋略，都一步步地将自己的企业有条不紊地推向了新的发展高度，他所开发的每个项目都在商业上取得了空前的成功，其地产的销售额与纳税额也连续多年在中国房地产行业名列前茅。正是由于总裁潘石屹的正确决策与深谋远虑，才将 SOHO 中国的这朵建筑之花开遍了祖国的大江南北，相信在未来的发展之路上，SOHO 中国在总裁潘石屹的引领与带动下，必将走向更为辽阔与广博的扩展空间。

2. 总裁的人才战略，决定企业未来团队建设

企业的团队建设工作也是企业日常发展管理工作中的重中之重，因为在企业中，一个人的价值是很难给予体现和彰显的，企业的最终前进与发展靠的是团队的力量，就像一滴水，只有放入辽阔的海洋之中，才能体现自己的存在价值，也才能体现出海洋的广袤无边。作为企业总裁，一定要做好人才发展战略以及团队建设工作，因为这直接关系到企业未来的团队实力和战斗力问题，也就影响到企业整体发展规模的问题。海尔集团首席执行官张瑞敏在人才战略方面始终坚持“人尽其才，人人是才”的人才使用观，在张瑞敏的眼里，每个人都有可发掘和可利用的一面，他相信每个人的能力，也认可团队中每名成员的付出与努力，他总是会不断地给予员工鼓励和支持，相信他们会创造更加优质的产品和更加完美的服务。总之，海尔的团队就是要迸发出一种不一样的力量，并产生不一般的价值。

3. 总裁的管理方法，决定企业未来运作机制

运作即运行和操作，机制即方法和原理，企业的整体运作机制即支撑企业长期稳定且快速高效发展的各项制度体系与方法原理。一个走正规化科学化发展道路的企业，除了拥有一支高效执行的团队，具备高效开拓市场的魄力与实力，更重要的是完善企业的各项规章管理制度与运行操作方法，只有指引的章程没有快速的执行不行，但是只有快速的执行没有指引的章程也是万万不可的，否则企业在快速发展的过程中就会很容易迷失前进的方向，看不清敌我的形势，无法做出英明的决策，也就无法从根本上进一步推动企业的发展。所以企业的发展要面向未来，面向未来发展的企业一定要重视运作机制的建设，而对此起到决定性作用的便是总裁的管理方法。只有全面提升企业领导人以及总裁人员的管理思路与管理方法，并将其充分作用到企业的未来发展与日常管理中，那么企业必将收到更为理想的发展成果。

一个企业的运作机制直接关系到企业在日常管理和运营方面的完善程度与效率规范问题，所以作为企业的总裁一定要掌握先进优良的且适合于本企业实际情况的一整套管理方法与制度要求，从而更好的进行企业管理，提高工作效率。

企业发展壮大势在破立

思想的解放程度与观念的更新突破，往往决定了一个国家、一个民族、一个地区的发展和进步水平，同时也影响着一个企业的发展和壮大。思想的解放绝不是一个空洞的口号，而是基于当前经济形势下的企业发展观念中的现实情况所提出来的。企业如想做大做强，必须要以破立之势挣脱旧有思想的束缚，以寻求更大的生存与发展空间。

从当今世界发展的趋势以及市场经济变化的需要来看，企业如果想在变幻莫测、创新突变的市场竞争和变化之中掌控好自己前进的方向盘，就一定要跟上时代变化与发展的步伐，掌握新知识、学习新思想、发展新思维；摒弃各种守旧观念、保守思想与本本主义，誓将发展破立进行到底，努力汲取有利企业发展与革新的新观念、新思想、新方法，运用崭新策略，谋求发展共赢。

1. 挣脱思想束缚，树立世界眼光

经济全球化之下的对外开放与紧密合作，是世界经济新一轮发展的显著特征，作为企业总裁，学会将眼界放得更高更远，牢固树立立足世界的发展眼光，就是要重新认识世界在哪里，思考世界经济的整体发展方向是怎么样的，自己的企业处于什么位置，榜样标杆在哪里，在世界经济发展的大潮之中自己的企业正在扮演着什么样的角色，从而挣脱思

想的束缚，跟上时代的发展和变化，只有牢固树立了立足世界的眼光，才能最终摒弃和破除一切与现代经济发展相对立的观念和想法。

作为全球最大的中文搜索引擎百度在线网络技术（北京）有限公司的董事长兼首席执行官，李彦宏绝对可以称得上是中国网络搜索引擎行业第一个吃螃蟹的人。早在20世纪90年代，他便在中国电脑网络及电子商务行业刚刚起步的时候，勇敢地站立在世界行业迅猛发展的前沿，预见到中国市场的广博及其发展的无限可能，从而挣脱原有思想的束缚和局限，进行大胆的尝试与创新，并最终在1999年年底，顶着巨大的压力和风险与好友徐勇共同创建了百度。创立之初，百度就将自己的发展目标定位在了打造中国人自己的搜索引擎，并愿为此目标进行长期坚持不懈的奋斗，最终他的目标和愿望获得了实现，2005年8月5日，百度在美国纳斯达克成功上市，成为2005年度全球资本市场上最为引人注目的一家上市公司，百度也由此进入了一个全新的发展阶段。

2. 打破按部就班、因循守旧，树立敢闯敢试、敢为人先

企业要发展，务必要打破麻木、懈怠、安于现状以及因循守旧的思考习惯和处世风格，要勇于树立敢闯敢试、敢为人先的创新精神，只有开拓创新才有更加宽阔的发展空间和发展机遇。作为企业总裁，无论是面对企业的各项决策与决断，还是遥看外部环境的风云变幻，都要时刻保持思辨的头脑和创新的意识。这个时代，是竞争的时代，是你追我赶快速奔跑的时代，如果想时刻跑在别人的前面，拿到名列前茅的好成绩或直接拔得头筹，就要从自我做起，树立企业发展的创新意识，树立敢于突破与敢于创新的做事精神，只有打破原有的安于现状和循规蹈矩，才能在日益激烈的行业竞争中稳坐江山，笑看云起云涌、潮起潮落。

作为中冶京唐建设有限公司董事长的王秀峰，就是一个在工作中勇于创新、敢于突破和时刻追求卓越的企业领导人。在他个人企业管理的大辞典之中，你是永远不会找到诸如懈怠、不知所措、自怨自艾、安于现状、不思进取以及因循守旧这类词语的。作为集团董事长，同时作为一名高级会计师与高级工程师，他对企业的要求就是要所有人时刻走在发展和变革的前端，要做时代的革新人和领导者，带领自己的企业走在创新的最前沿。在日常工作中，他时刻坚持并履行科学发展观，身体力行“三个代表”的重要思想和指导精髓，以对市场敏锐的观察力，对建筑施工行业发展目标与方向的良好预见力，促使企业实现了一次又一次历史性的跨越。他始终认为，企业创新是企业核心竞争力的源泉，企业如果不紧跟时代发展进行创新和改变，将会逐渐失去活力、失去竞争力，最终被市场所淘汰。三年来，他始终坚持倡导以建立和实施综合性管理体系为主线，不断加强企业管理的各项基础工作；以管理创新为发展途径，不断提升企业综合管理水平。

3. 尊重市场主体，增强服务意识

企业发展的最终要求和结果就是要获得利润，利润从哪里来，利润来自于顾客。只有真正尊重市场的主体，维护和服务好广大顾客，才能有效保证利润的源源不断。作为企业总裁，要在让客户满意，把客户作为一切工作开展的方向和目标中充分认识到以下几点：

首先，在做任何事情之前都会明确目标，所以客户服务工作也不例外，只有充分明确客户服务的目标，才能做到有的放矢的服务顾客，更好的让顾客得到满意并使企业获得收益。

其次，要具备强烈的客户服务意识，每一名员工在与客户进行沟通和交流的时候都会存在两个世界，一个是自我的世界，一个是顾客的世界，员工只有从自我世界中走出去，更好地走进顾客的世界，才能真正

了解顾客的需要，从而满足顾客的需求。

再次，要明确产品和服务的关系，服务作为产品销售中的一项组成部分，越来越受到重视与关注，尤其是在同行业竞争激烈的今天，在大家都争相靠低价和产品功能取胜的今天，拥有良好的客户服务意识无疑是赶超对手的一项制胜法宝。

最后，要努力做到超越顾客的期望同时还要学会在与顾客进行交流时控制好自己的情绪，不要让坏情绪影响到你的顾客，那样做的结果是你将永远失去这位顾客以及他身边能够影响和传播到的所有人。

开启九段韬略与三维智慧

解决中国企业总裁典型问题

进入快速变化与扩展的21世纪，面对世界经济发展格局的大转变与快速变化的大环境，中国企业若想快速提升自身的发展规模与企业实力，尽早走入世界经济发展的快车道，作为企业总裁，就必须迅速转变旧观念、旧思想，掌握新知识、新方法。将世界企业发展巨头和经济强手作为自身的榜样与标杆，借鉴其优秀的管理方法与智谋策略，认真并反复剖析本企业及自身所存在的若干问题，才能突破自身发展局限，快马加鞭地迎头赶上世界经济的整体发展步伐。

目前中国的绝大多数企业在日常的管理运营过程中都存在一定的管理局限和策略问题。很多企业在其内部只建立了运营战略并忽视了运营策略，殊不知良好的战略与策略同样关系到企业的前途与命运，目前中国85%的企业都是只有战略，而无策略，所以对于企业总裁来说，建立一套完整而成熟的企业策略对于企业的发展至关重要，也势在必行。目前的市场竞争已不单单是品牌与资本的对抗，而是发展到了运营策略的比拼，只有掌握了有效的竞争策略，才能有效规避甚至解决企业当前所面临的诸如资金不足、品牌不强、技术不先进、管理不完备等问题。

对于中国企业总裁来讲，必须尽快解决企业面临的各种典型问题，改变自己的管理模式和方法，才能带领企业抓住机遇、突破创新。

1. 问题一：竞争过多，迷失自我

很多企业总裁看到身边的竞争企业如雨后春笋般快速地崛起和生长，心中便开始乱了阵脚，将关注本企业各方面管理的提升与产品的提高暂时抛在了脑后，而是绞尽脑汁的思考如何抵御市场的瓜分，如何大开杀戒与其他企业进行大规模的竞争，于是总裁和公司的领导们每天都在计划如何更加有效地参与竞争，筹划如何打败对手，更胜一筹。其实这种思想是不对的，竞争意识的存在本身并不是什么坏事，有了竞争意识，才会有效发挥竞争优势，才会看到自身的弱势和不足，从而不遗余力地进行改进与提升。但是很多总裁偏偏只看到了竞争的本身，变成了为了竞争而竞争，你比我多开家店，我就多开两家，你比我多开展了两次活动，我就开展四次活动，结果企业总裁每天只是考虑如何超越对方，却忘记了问题的主要矛盾还在于自己，只有更好的提升自己，才会永远处于攻无不克的位置。

2. 问题二：广告太多，没有效果

现代社会无论是打开电视、翻阅报纸，还是收听广播、登录互联网，甚至户外牌匾，无处不在的广告正高密度地刺激着我们的感官，无孔不入地走进我们的生活。没错，广告的效应在这个时代已经被无限的放大，广告所带来的企业效益和其他利益也让很多总裁看到了希望，于是全方位、多角度的利用各种宣传途径进行广告的投入成了企业品牌与产品业务的重要推广手段。但是，广告费用的高额投入换来的却不见得都是总裁希望看到并获得的效果，往往是广告不少，效益却不见了踪影，追其原因，就是宣传策略出了问题，没有找准产品的最佳宣传点和广告的精准定位，造成了付出得不到回报的窘况。

3. 问题三：公关工作，创新不够

企业的公共关系维护也是一项不可忽视的重要工作，良好的内部与外部公共关系的处理会为企业的发展提供更好的保障和更多的便利，但是世界在变化，经济在发展，一成不变的事物是不存在的，公关的方式和手法也要随着变化而变化。例如以前企业在开展公关工作的时候无非是请客、送礼、吃饭或赠送购物卡等各种礼物，又或者是很多外部的关系网平时沟通与联系的机会和时间很少，只有在企业出现问题或是需要协助处理的时候，才会想到公关的维护工作，如此的“现上轿现扎耳朵眼”的工作方式试问又有几个人会喜欢和接受呢？所以公关工作要想开展的顺利，就要进行不断地创新，只有不断地加以创新并迎合外在环境的需要，才是进一步做好公关工作的根本和着力点。

4. 问题四：只盯市场，一无所获

在很多总裁的头脑中和意识里，做企业就等于是做市场，只有把市场盯准盯牢，才能保证公司效益的提升与稳步的发展。但是市场的管理与投入不单单就是市场部一个部门的事情，而是需要公司其他所有相关部门和人员的配合与支持，才能有效保证市场工作的有利开展和推进。所以作为企业总裁不要将所有的关注点都投放到市场这一处，而是要纵观全局、全面的加以统筹和管理，才能从一无所获到收获颇丰。

5. 问题五：定位不准，方向错位

对于企业总裁来说，在迈出实战的第一步之前，一定要先做好企业产品和品牌的定位问题，找准定位就要是全面彻底的对自身品牌和产品业务进行深入的了解、分析和总结，抓住自家产品的闪光点和与其他市场上同类产品的本质区别和优势之处，之后有的放矢地进行宣传、投入以及方向的引领，最重要的是长期不懈地坚持下去，才可能收到意想不到的收益和结果。

导入九段策略，驶入发展快车道

谈到企业的发展重任，作为企业的总裁具有不可推卸的责任和义务，总裁的能力、知识、素质以及远见对企业发展的影响是任重而道远的，企业总裁必须带领企业加快发展速度、瞄准发展方向、充分运用各种策略与技巧，努力超越对手，方能获得市场竞争的最终胜利。

任何一位企业领导人都希望通过自己的统筹规划与运筹帷幄，全方位且充分高效地渗透到企业的日常管理与发展工作中，在保证企业正常稳定发展的基础上将企业顺利带入快速发展的轨道，助推企业向着更高、更远、更大的目标迈进，从而以相对最少的时间获得市场交战的全面胜利，如何提升企业总裁的全面管控能力，学习九段管理策略必将助你一臂之力。

一段总裁做榜样；

二段总裁做说教；

三段总裁做文化；

四段总裁做机制；

五段总裁做模式；

六段总裁做复制；

七段总裁做进化；

八段总裁做战略；

九段总裁做未来。

学习掌握企业管理的九段策略并努力提升为九段总裁，就好比为自己的头脑和双手增加了九大管理砝码，从而全面提升总裁驾驭企业各方面事务的能力，使企业这辆硬件与软件双优化的汽车迅速且准确地驶入发展与提升的快车道。

1. 导入步骤一：完善企业独特个性的策略体系

完善企业独特个性的策略体系，首先需要企业总裁具有良好的决策能力。诺贝尔奖获得者罗伯特西蒙教授说：管理就是决策。拿破仑也曾说过：做决定的能力最难获得，因此也最宝贵。企业中的执行固然重要，但是若没有优秀的决策作为导向，执行的结果也必将毫无意义。作为企业总裁，每天都需要参与、制订并实施各种各样关系到企业生死存亡的发展决策，因此，掌握决策的方法和程序、把握决策的关键环节非常重要。

企业策略体系的建构与完善是一门快速成长的学科，尤其是符合企业个性情况的策略体系能够很好地引导公司在快速变化的市场中获取致胜的决定力量。随着当今企业竞争的加剧，传统的企业策略体系已不再成为企业竞争的最大优势，创新独特并符合企业自身发展特点的策略体系渐渐成为了各个企业及其企业总裁关注的焦点。作为企业总裁，要学会如何融会贯通地架构企业发展与执行的各项策略，例如市场策略、人才发展策略、经济策略、品牌规划与运营策略等。在相关策略提出以后，企业总裁要带领团队在市场中有条不紊地执行各项策略，即要在实践中检验策略的准确性与实际功用和效果，从而全方位、多角度的构筑企业强大的发展体系与发展脉络，在市场竞争中博得一席之地。

2. 导入步骤二：构筑高效团队并合理调配资源

导入企业总裁九段管理策略的第二个步骤便是要构筑高效团队并合理调配各项资源。学习九段策略并不是说要将所有的企业管理方面的智慧与谋略都集中到总裁一个人身上，并由企业总裁一个人去应对和提升企业的各项管理工作，而是希望各位企业总裁要在掌握九段策略之后能够更好的带领团队，并努力将团队打造成高效、精干与强硬的精锐部队和得力助手。何为高效团队？团队就犹如一座冰山，我们能看到的或者能在工作中体会到和感知到的其实只有区区十分之一，剩下的十分之九都隐藏在了水下，露在水面以上的部分就是团队的目标以及执行的各项策略，隐藏的十分之九则是团队的共识、智慧、耐力、责任心以及高效率等。建立一支高效的团队，就要求企业总裁能够将水下的十分之九激发和解救出来，让团队发挥出百分之百的能力和价值。那么如何构筑高效团队？

要带好一个团队，离不开三个重要因素。

一是建机制，机制就是游戏之前的游戏规则。机制是刚性的要求与铁的纪律，是团队中每个人必须严格遵守和贯彻执行的标准，而工作标准是各项业务开展的依据，也是工作的指导说明书和流程操作书，能够避免工作出现错误和偏差。完善的管理机制既能促进团队工作的一致性与整齐性，同时还可以保证各项工作的有序开展。

二是揽人才，企业与企业之间的竞争是人才与人才之间的竞争，即选人、用人、育人、留人，这正是企业领导经营人才的四字真经。

三是抓执行，虽然战斗力是无形的，但却是团队建设中非常重要的一个因素。它可以体现为不怕困难、刻苦努力、顽强拼搏、自信乐观和勇于担当等。这种战斗力类似于李云龙所倡导的“亮剑”精神——纵观任何一支战斗力强的军队，无不都是在一种信仰的强力感召下，始终传承着一种精神的力量，这种力量就好比是给企业注入了灵魂，无论岁月更替、人员变换，精神都不会转移和变化，反而会长留于团队中间，永远影响着团队中的每一名成员。合理调配资源是指企业总裁要在团队发挥作用的同时，为其合理地增加或调整可利用的各项资源，从而积极有效地保证团队各项工作的需要。

3. 导入步骤三：建立企业策略系统的循环导入

企业策略系统的实施与执行并不是一朝一夕的导入，也不是单次的运用和不断的重复，而是要将体系中的各项策略根据企业实际发展的安排和需要进行不断循环式的导入，只有如此才能最大限度的发挥策略以及整个策略体系的功用。

企业总裁要在学习并掌握九段发展策略的同时，将各段策略的具体实战方法、要求、注意的问题以及可能产生的影响和后果向其团队做出充分的说明和阐释，从而在实际工作中，面对不同的具体问题运用相适应的不用策略，并且利用循序渐进且循环导入的方式进行逐层推进和逐渐深入，在循环导入的具体实践中获得想要达到的效果与目的。

思维的隐性层面：三维立体，多维推进

作为一个企业的决策者和领导者，企业总裁肩负着企业的各项管理决策与发展壮大等相关工作的统筹规划事宜，管理者的思维、决断、思考的空间与思想的转换对于企业的整体发展以及团队的成长起着至关重要的影响作用，尤其是管理的思维在很大程度上决定着管理的成效，甚至关系到企业未来的命运与生死存亡。

企业的发展需要进行一步步的推进和按部就班的实施，企业总裁在进行相关决策的制订与任务实施的时候，首先应当令思维先进行一步步地思考与点滴的进化，让良性的思维主宰企业的决策，让决策推动企业的发展，所以努力激活思维并挖掘其深层次的隐形智慧，多方面多角度的推进各项任务的开展。

每个人的思维在一定程度上都包含显性思维与隐性思维两个方面，显性思维是我们能够意识到和感知到的思维，且能够随着我们有意识的不断学习、深造、锻炼以及经验的积累、对社会的探索程度一步步地得到提升和深入。作为企业总裁，往往在某些方面拥有较高深度的显性思维，所以能够凭借自己的管理能力，运用一定的管理方法达到发展企业的目的。但是每个人的思维还具有一定的隐性特征，也就是说在每个人的思维深处都具有一定的还未开发出来的隐性思维，这部分的隐性思维也常常被我们所忽略。企业总裁，要有意识地开发并运用自己的隐性思

维，以达到更好的管理企业与发展企业的目的。同时思维的运用还体现在三个维度的不断深化与推进，从思维的三个维度甚至是多维度的全方位推进，从而让企业总裁的管理智慧得到全面的爆破爆发，更加有效地提升驾驭企业的能力。

1. 企业总裁要具有管理者的思维高度

如今是一个资本高度整合与运转的时代，企业总裁一定要站在管理者的思维高度与深度来思考整个企业的发展与运作问题，全面且深入地考虑企业的发展问题，即要么横向整合企业，要么纵向整合企业。企业总裁一定要利用自己的思维、智慧与市场资本去驾驭企业的全面发展，即要靠思维与智慧去发现市场，用资本运作去激活市场。所以，当你的企业出现走下坡路的趋势的时候，不要抱怨是行业和市场出了问题，或者是国家的宏观调控没有给予企业发展必要帮助。作为企业总裁要学会利用自己的思维高度去嫁接企业的发展，即将自己的智慧与思维嫁接到别人的躯体上，不仅省时省力，还能够有效提高企业的发展效率和速度。

2. 企业总裁要具有管理者的思维深度

一个企业的发展速度与深度很大一部分决定于企业总裁思维的深度，如果企业的第一负责人与决策者没有利用长远和纵深的眼光看待问题，看待企业的发展，必将导致对市场经济的认识不够清晰，对行业与企业的发展前景的认识不够清晰，那么企业的前行与突破就将遇到极大的阻力。作为很多尚在发展与扩张中的企业，前方道路上的竞争对手可谓虎视眈眈、气场强大，企业的领路人拿什么与竞争对手抗争？因为你不仅资金有限、资源有限，整体实力也相对有限，所以请放弃硬打硬拼与一味蛮干，而是要开发并运用自己的深度思维和智慧，从而智取对手，获得胜利。

3. 企业总裁要具有管理者的思维和执行力度

企业总裁靠什么突破和出奇制胜呢？首先要思考并关注顾客的实际需求。成功的关键并不在于竞争对手有多么强大或是市场的变化有多么快速，最重要的是要抓住顾客的消费心理从而有的放矢的去迎合顾客的需求，满足顾客的期望，这就是市场快速执行的力度制胜。其次还要充分关注行业的发展趋势，运用多维度的隐性思维充分思考行业的变化以及发展的方向，因为如果不关注以上两个方面，即使企业的实力再强大，却忽视了顾客的需求与市场行业的变化，也终究会被市场所淘汰，被消费者所抛弃。但是如果总裁能够充分思考并关注以上的重要方面，即把握好市场的整体发展趋势，关注顾客的需要与变化，并随时调整自己的战略规划与发展方向，那么即使企业的规模再小、实力再弱，也会快速的做大做强，终究被市场和行业所认可。

倒冰山效应：发掘隐性策略

在企业的管理理论中，策略的运用是非常重要的一个方面，适合企业发展的各项策略的运用不仅能够帮助企业快速高效的提升各项管理水平，实现发展利益，更重要的是能够帮助企业总裁建立起一种发掘与运用策略的思想与头脑，而这种能力是取之不竭、用之不尽的，能够在企业未来的发展过程中长期不懈地发挥积极卓越的作用。

在实际的企业管理工作中，总裁们常常用到的策略或是可以想到的策略我们一般称之为显性策略，而显性策略往往只占其策略总数的一小部分；还有无限的可利用的隐性策略藏身于我们不容易发现的地方或是思维与智慧的深处，等待我们去发掘、去利用。我们可以将企业发展的各项策略比喻成一座冰山，露出水面的部分是我们容易掌握的、看到的显性策略，而掩藏在水下的部分即我们看不到的山体，就是隐性的策略。作为企业总裁，要学会发散并利用逆向的发展思维，即可以将策略的冰山倒立过来，努力发掘并运用无限的隐性策略，而少利用已经被很多企业重复多次运用的各种显性策略，从而运用独特的策略获得企业竞争发展的胜利。

每一位企业的领导者都希望自己在工作中能够学会更多的方法、掌握更多的策略、积累更多更为丰富的经验，而想要达到这一切，就要勇于剖析自己、发掘自己和启迪自己。隐性策略的发掘、运用以及日常工作中的积累过程，就好比我们人的左手，当我们已经非常习惯使用右手去进行各种操作的时候，用左手就会显得极为笨拙，但是如果左手也能像右手一般灵活，那日常的工作和生活会变得更加方便和自如。所以努力发掘、运用并积累工作中的各项隐性策略吧，它们会把工作中的你变得更加智慧和优秀。

1. 隐性策略的发掘，要勇于在无数次的思维定式中否定自己

当我们在思考某个问题或进行某项决策的时候，首先出现在脑中的一定是使用最为频繁、运用最为广泛且是广大行业中人颇为熟悉和了解的方法，试想这种已经被前人或同行运用过千次百次的方法和套路是否还有新鲜感，是否还会引起员工的重视和操作的耐心，是否还会赢得市场的又一次认可，又是否还会让广大消费者买账，一切的一切都源于过于熟悉和过于老套。缺乏创新与尝试的点子不再是客户眼中的好主意，而随之而来的一定是敷衍、勉强和对付，最终导致决策实施效果的差强人意。要想充分激活和发掘管理者的隐性思维，就要首先从源头抓起，在管理者进行思考和决策的阶段中强制给予阻止与扼杀，迫使其思考其他方法和途径，即企业总裁要勇于在无数次思维定式中否定自己，才能最终开发自己。

2. 隐性策略的运用，要敢于在企业管理的实践当中主动尝试

正所谓实践是检验真理的唯一标准，隐性策略在进行充分的挖掘以后，要敢于并尝试应用到实际的工作中去，敢于接受市场与客户的检查，敢于在现实中接受验证与洗礼，只有经过运用和检验，才会真正了解策略的实际作用以及可能对企业发展带来的变化。真正的企业领导者应当是创新意识的先驱与实际工作的开拓者，失败不要紧，失败可以换一个思路，换一个方法从头再来，怕的是唯唯诺诺、不敢尝试，思想因循守旧只抱着旧有的策略和方针不变，必然会被市场所淘汰。

3. 隐性策略的积累，要主动与工作伙伴开展策略讨论和沟通

一个人的力量始终是单薄和不堪一击的，企业总裁也不例外，要想获得大规模的启发效应，必须将整个团队纳入到隐性策略的发掘与应用当中，充分发挥每一名团队成员的智慧与思维，充分引导员工开展对隐性策略的讨论与沟通中来，从团队和集体中汲取经验、吸收精华并加以融会贯通，最终制订出能够大力推进企业各方面发展的行动计划与策略方针。

站在巨头的肩膀，从九段开始做企业

在风云变幻的市场经济大潮下，纵观诸多经得起市场考验，做大做强的企业，无不是拥有各自独到且符合市场发展需要与要求的各项管理企业的利器和法宝，例如科学的发展决策与战略、创新性的管理思维和方法、强大的人才战略等。但是无论是何种方法，最重要的是，其企业总裁一定要有独到的迎合企业管理的韬略和智慧，这也是实现企业长期有效发展甚至是跨越式发展的必要前提和重要保障。

因此，企业如想做强做大，在激烈的市场争夺赛中拔得头筹，作为企业总裁就要努力站在企业巨头的肩膀之上，努力学习优秀企业的管理经验与韬略智慧，从九段开始提升和强化自己，方能将企业带离阻碍其发展的沼泽并径直奔上迅速奔跑的康庄大道。

1. 借鉴并转化西方先进的管理理念和方法

西方国家在科技产业与企业管理等诸多方面的先进和发达也是中国企业和中国总裁们有目共睹的，因此在世界经验与知识相互融合与互通的今天，作为积极要求进步的中国总裁们，作为亟待加强自身管理与提升企业发展的企业负责人们，积极的学习、借鉴西方的各种管理方法和理念是非常重要和必要的。需要注意的是，由于国情、民族特征及其思维方式等的不同，在学习和借鉴之余，还要对西方的理念方法进行本土式的加工和处理，转化为适合本企业的个性化的理念与方法，才能够真正发挥效用，利于企业的发展与壮大。

比尔·盖茨旗下的微软公司就是从企业成立的那天起，积极倡导一种“高压”管理的方法。一提到压力，很多中国的管理者都会颇为头痛，因为一种普遍的思维是压力会让人变的焦躁不安、思维混乱直至工作效率降低。但其实任何事物都存在正反两方面的作用，压力也不例外，压力既可以成为工作的阻力也可以成为工作的动力，关键在于人。众所周知，在知识与科技相对密集型的企业，员工的压力会直接影响工作效率与成绩，但在微软亚洲研究院里，这种压力却被赋予了另外的含义。在这里，每天都在上演着精彩节目；在高效紧张的工作环境中，每天都在创造着一个又一个高科技成果。“高压”在这里已不能用大小或程度来形容，但由此带来的强大动力却充满整个研究院，因为这里的压力来自于领导和员工对事业的高度热爱与追求，才会让他们感觉不到压力，而是强大的动力。

2. 可在管理中融合中国传统的儒释道思想

除了借鉴西方的各种成熟优越的企业管理经验与理念方法之外，中国在上下五千年的发展轨迹中，也积累了相当数量的具有中国自身发展特色的传统方法和思想，例如其中最为突出的便是中国自古流传并影响了一代又一代炎黄子孙的儒释道思想。

俗话说：欲治兵者，必先选将。要想治理好自己的军队，首先要选择好带领军队的将领。正所谓商场如战场，在企业管理工作中，要想治理好企业就需要选择一位好的领导者，也就是企业的总裁。从中国古代的管理思想及传统理论精华来看，作为企业管理者也就是企业的总裁需要具备“智、信、仁、勇、严”的管理思想。

智：作为企业总裁，手中掌握的是企业生存与发展的命脉，如果没有过人的管理智慧便可能将企业带进万劫不复的境地。正所谓知识就是力量，作为力量的知识要很好地转化到实际的管理中去，才能将力量转化为强大的能量，并运用自己的智慧合理地配置资源且实施管理，才能助推企业发展。

信：讲求信誉和诚信。企业需要讲求信誉，作为企业总裁更需要讲求信誉和诚信，否则失去的将不仅是金钱，而是员工的信赖甚至是企业的未来。

仁：讲求仁爱、宽容对待。

勇：勇往直前、不畏艰险，始终坚持前进的方向努力攀登。

严：威严庄重，法令严、律己严、赏罚严、行事严。

在管理的实践过程中我把以上儒家智慧总结为现代领导者所需的最新三维法则理念，即：

儒为表、佛为心、道为骨，大度看世界；

能在身、技在手、思在脑，从容过生活；

情在先、理在中、法在后，潇洒天地行。

3. 站在巨头的肩膀，学习九段韬略，助推企业成功

企业总裁需要全方位、多角度的提升自己的修炼等级，才能适应现今的市场竞争局面，并在重重包围的竞争圈中努力突破，方能历练自我，强大企业。学习并掌握九段总裁韬略，即学做员工的榜样，让学习得到快速的爆破爆发；掌握说教的方法，帮助员工提升工作的能力，掌握工作的方法；做好企业文化，用文化打造企业实力，让经营变得轻松艺术；学做机制和制度，让企业的各项管理有法可循，有章可依；建立正确的企业赢利模式，将不是最好的调整到最好，甚至更好；学做复制，将一项业务当做机制，坚持持续和做精做透的成功才是真正的成功；学做进化，运用优胜劣汰的方法打造强执行团队；学做战略，运用天时地利人和撬动市场，获得全面胜利；最后就是要做好未来，因为企业只有先做未来，才能最终拥有未来。

总裁密码

第 3 章

一段总裁：做榜样，让学习快速爆破爆发

一段韬略分析

作为企业的第一领导人，企业总裁在日常工作中总是时时刻刻地受到员工的仰慕、客户的要求以及合作伙伴的关注，所以总裁一定要事事身先士卒、样样树立榜样。

榜样的力量是不可低估的，有的企业总裁或白手起家，或孤独创业，或力挽狂澜，救公司于水火，他们确实可以称得上是创业的英雄，财富的英雄。但是企业如想做强做大，单靠一个人的力量是远远不够的，作为总裁一定要学会在处处以身作则的同时，为员工树立榜样，只有充分发挥与调动团队的力量，才会创造更大的可能。

日本本田公司的总裁本田宗一郎是一个在工作中处处善于为员工树立榜样的人，无论是工作态度、工作流程、各项工作的具体实践等各方面，本田宗一郎都希望给予员工一个最真实的自己，为员工树立一个良好的榜样。有一次，本田宗一郎为了谈成一笔进出口贸易的生意，在滨松一家餐馆设宴招待外商投资人。席间，外商中的一名代表在上洗手间的时候，不小心将假牙掉进了洗手间的粪池，这不仅影响了外商的正常进餐与合作洽谈，同时也影响了外商的洽谈心情。

在听到这件事情后，本田宗一郎毫不犹豫地跑进洗手间，脱掉了衣服和鞋子，跳进粪池，用木棒打捞假牙，为了防止将假牙损坏或沉到粪池的底部，他不断地用木棒轻轻地来回搅动，终于将假牙捞了出来。

本田宗一郎将假牙冲洗干净，并亲自进行了全面的消毒和试戴，确保完好无损之后将假牙交还给了外商，外商被他的行为深深地打动了，立即与他签订了合作合同。

身为老板，贵为总裁，本田宗一郎其实可以用金钱去摆平这件事，但他恰恰没有，反而是选择了用实际行动和最为棘手和艰苦的方式向对方、向客户，最重要的是向组织内的所有员工做出了表率与示范，他用自己的实际行动向员工说明：工作不是说出来的，是要用实际行动做出来的。

榜样的力量是强大的，是积极的，是在实践中树立和彰显的。作为企业总裁要善于并勇于做员工的榜样，从而全面激发员工的斗志和力量，让学习和工作获得全面的爆破爆发。

身先足以率人

总裁作为企业的一家之主，不仅肩负着企业的日常管理、效益达成以及相关战略决策的制订实施工作，同时还在企业中起着榜样与标杆的作用，其一言一行、一举一动都会在员工当中产生极大的影响作用。总裁作为企业的最高领导，在员工心中的地位几乎等于事业道路上的完美代表与精神化身，所以关注与学习也是员工对总裁尊敬与热爱的表现。作为总裁自身，更是要注重榜样的作用，务必要清醒地认识到在团队中一定要学会先树立榜样，先做好榜样，再谈员工的责任以及员工的管理问题。

前不久，我到福建一家体育用品公司进行培训调研与员工访谈，以便为我下一步的培训巡讲做好相关准备与实例考证工作。

在一份有关榜样领导的调查问卷中我发现了一些问题和端倪，并决定对该公司部分员工进行交流与沟通，以便对其中存在的问题进行深入的探究。

通过沟通，我了解到该公司在当地的体育用品市场中占有相当大的市场份额，当地的所有体育用品的相关销售几乎都被该公司所垄断了，如此好的成绩除了归功于企业内部的优秀员工及精锐团队以外，最重要的还在于企业总裁张某的领导。张某在工作中十分得人心，因为他十分善于在工作中发挥自身榜样的作用，即无论是工作的沟通、工作的实际参与还是工作后相关问题的优化与指导等，张某都坚持和员工共同面对问题并解决问题，让员工实实在在地感受到了领导的榜样与标杆的激励作用，所以该公司的销售业绩也是直线上升，团队的工作士气和战斗力也得到了异常的突破和提升。

但是，在今年年初的时候，张某因为个人原因不得已辞掉了总裁的职位，将新的接力棒交到了现今的李总的手中。李总在日常的为人处世、团队建设以及工作安排等方面和张总完完全全是两个风格，大多数的时间李总都是将工作的内容安排给下属和团队之后，便不进行过多的询问，看似是任由员工自由做主和自由发挥，其实是将所有的重担和责任甩给了员工，自己反倒是一身轻松，直接造成员工在工作中总是感觉摸不到方向，得不到一定的帮助与指导，自信心下降，发现不到自身的问题和毛病，领导的榜样作用严重缺失。

总裁是员工最好的榜样，总裁的一言一行、一举一动都会在不知不觉中潜移默化地影响到员工的工作行为和工作表现，进而影响到整个企业的进步与发展直至效益的大幅度提升。一个有素质有修养的总裁，培养出来的一定是有着高尚道德情操和强烈责任感与使命感的员工；一个行为粗俗举止不雅的总裁，培养出来的只会是无组织无纪律、懈怠懒惰的员工，这样的员工又怎会为企业的发展带来正面的作用和效果呢？所以作为企业总裁一定要在工作中做好员工的榜样，只有先发挥好榜样的正面作用，才能将各项管理工作做得更加到位并贴合实际，正所谓先做榜样后做管理的意义就在于此。

1. 做榜样，加强员工的工作修养

企业总裁要做好员工的榜样，首先就要将自己良好的个人魅力、职业素质、工作态度以及道德品质传染给员工，让员工从自己的身上首先得到一种全面的素质提升，只有素质得到提升，才能全面地影响到工作，才能将工作做得更好。但是在这之前，作为企业总裁首先要做到时刻检省自己的行为和素质，规避不良习惯与行为的发生，尤其是在员工的面前，更要加强自我的约束与管理，才能更好地感染员工及团队。

2. 做榜样，塑造员工的工作态度

良好的工作态度主要表现为工作积极、态度诚恳、认真负责、责任心强、吃苦耐劳、有较强的沟通能力与表达能力，有团队精神，善于与人合作，并有较强的组织协调能力等。良好的工作态度将直接影响到日常工作的有效开展与企业效益的直接产出，态度决定能力，能力决定效率，只有具备了良好的工作态度，才能将工作开展得更加顺利，所以企业总裁的榜样力量还体现在影响员工的工作态度方面，这同样是非常重要的一个方面。

3. 做榜样，提高团队的工作效率

总裁的榜样力量需要影响的不单单是一个人、一名员工的工作热情与执行力，最重要是要影响整个团队，提升团队的整体执行力和工作效率。作为企业负责人首先要向团队明确责任要求和工作目标，采用激励的方式号召员工积极完成工作任务并达成业绩目标；其次要对工作的方法给予必要的指导和帮助，让员工看到自己的老板也能够和自己站在同一战壕里并肩作战；最后在工作实施完成之后要与员工共同对工作的效果进行评估，总结工作的成绩，吸取工作中出现问题的教训，和员工讨论下一步工作的方向与整体规划，只有如此才能让员工感受到榜样的力量，快速提升团队的工作效率。

4. 做好榜样，提升员工的工作道德

从一定程度上说，管理就等于实践。团队领导者带领团队，必须学会实践，做了再说才有依据才有底气，才能为员工更好地打好头阵并树立榜样，从而提升员工的工作责任意识与工作道德。领导者一定要明确：管理是实践出来的，实践是靠做出来的，而不是说出来的，更不是想出来的。作为企业总裁，必须学会坚持实践，坚持“先做榜样，后做管理”。天底下没有包治百病的良方，同样在日常的经营管理活动中，总裁也会碰到各种各样复杂的问题，我们必须做的，也是唯一能做的，就是实践，靠实践来检验理论的正确与否，而不是靠闭门造车与苦思冥想。

律己足以服人

领导艺术是对企业领导者个人素质的全面而综合的反映，是个性化的管理方法和方式，是因人而异的。黑格尔曾经说过：世界上没有完全相同的两片叶子。同样也不会出现完全相同的两个人，完全相同的管理方法与管理模式，有多少个领导者就会产生多少种管理模式。领导艺术就是每位领导者不同的、个性化的管理方式与模式的体现。

领导艺术涵盖的范围十分广泛，包括用人的艺术、决策的艺术、协调的艺术、处事的艺术、理财的艺术、时间管理的艺术以及激励的艺术与讲话的艺术等。

榜样的树立作为一种特殊的、个性化的管理与领导的艺术，能够在员工中起到鼓舞人心的积极作用，于是也便有越来越多的企业总裁开始重视榜样的力量，开始在工作中完善并发扬自己的榜样精神，这样才足以服众。

在做以榜样为讨论对象的领导艺术培训的那段日子，我有幸结识了一位真正的企业总裁的榜样级人物。曾总作为我国冶金行业战线的一面旗帜和标杆级人物，十多年来，样样工作身先士卒、处处为员工树立榜样，在员工和群众的心中威望极高，员工不仅佩服他的工作能力，更加佩服他的为人处世、工作态度以及强烈的工作责任心与使命感，他的榜样力量更是深入人心，已经在不知不觉中感染和带动了越来越多的员工和组织成员。

有一次，他在进行冶炼工作任务勘察的过程中，冶炼机器出现了严重的故障和问题，偏偏在这个紧要关头，下个月却需要务必完成一份非常大的订单，如果不能按时完成订单的生产并按时交付客户，失去的将不仅仅是客户与订单，更是企业的诚信度。虽然是因为机器的故障而不是人为原因造成的，但是客户不会听你的解释，客户要的就是结果，没有结果一切都免谈。

面对这突如其来的问题和阻碍，曾总当即给予了高度的重视，马上召集负责冶炼团队的所有工程人员与技术勘探人员召开紧急讨论会议，研究讨论故障可能出现的原因，如何在相对最短的时间内进行解决并投入生产，但是通过问题的初步查看与研究讨论，参会人员表示还是无法找出问题的最终症结，如果按照常理来说，机器是无论如何也不应该出现问题的，因为为了这次订单，机器在之前已经经过了多次的检查与试生产，但是现在却出现这种情况，在场的工作人员也是无从解释。

为了尽快找到问题出现的原因，有着多年一线实际工作经验的曾总决定亲自到冶炼作业现场了解情况。

于是，曾总冒着刺骨的寒风与恶劣的室外冶炼现场，脱掉检查工作的职业领导套装，换上员工满是污渍的操作工服，戴上安全帽，手拿手电筒和基本的检查工具，在机器支撑架上爬来爬去查看问题来源，大家看着此情此景心中充满了尊敬和敬畏。功夫不负有心人，曾总终于找到了问题的症结。

之后，为了尽快将机器修好早日投入生产，他又忍着严重的胃痛连续几天和员工吃住在冶炼第一线，共同商议和研究解决办法，实际试验机器的生产效率，敲定订单的最终完成时间等，终于在4天以后使机器开始了正常的运转，且速度还比以前提高了1/3，成品产出的效率不仅没有下降，反而提高了许多，一个月后顺利地完成了订单量的生产任务。

工作中需要榜样，有了榜样员工才有了更好的参照对象，才会不断检省自身的问题和毛病，才会充分意识到改正与提升自我的重要性与紧迫性，才会以不断塑造完美的自我为首要目标，只有员工的能力增强了，效率提高了，企业的整体发展水平才会出现大的飞跃，才会源源不断地为公司、为客户、为员工创造价值。

榜样的力量作为一种鼓舞人心的领导艺术，最重要的一点是可以给予员工一种强大的激励作用，主要体现为以下三个方面：

1. 榜样可以给人一种奋发向上的精神

榜样是团队中的先进代表，是大家争相学习与效仿的楷模，是集体中的领跑者。企业总裁要努力将自己打造成员工心中的榜样，永远保持积极向上的工作状态，严格要求自己，事事争当开创者与先行者。人类作为一种高级动物，在其本质上就是一种高级的经过不断发展与进化的生物，否则人类也不可能成为主宰世界的万物之灵，因此榜样可以使众多的中间员工和所谓的后进力量产生一种不断进取和奋发向上的精神与勇气。

2. 榜样能够给予人追求真善美的感召力

列宁曾说过：榜样的力量是无穷的。榜样的彰显不仅有利于人们树立正确的人生观、价值观、职业观，帮助其正确指引人生发展的方向，探索更为广阔的奋斗空间，同时也能够给予人们正确的引导方向，在人们面前展现出各种各样的生活工作场景：艰难的、痛苦的、假冒的、丑陋的，等等，以便唤起人们对纯真的、善良的、美好的、真诚的等一切积极层面的事物的向往和追求，从而号召大家以工作和生活中的榜样为参考，努力追求各种美好的事物，从而不断影响自我、提升自我，直到将自身打造成别人眼中的榜样，继续通过不断地感染和传播，使越来越多的人受到榜样力量的召唤，增强追求真善美的感召力。

榜样的作用就好比是一面镜子，员工在日常工作中通过将自己与榜样进行反复地对照和比较，就能轻而易举地发现自己的毛病和缺点，看到自己与榜样之间的差距，从而总结自己的优点并努力加以延续和发扬，归纳自己的短处和缺点并加以不断地学习和改进，在榜样的积极鼓励与感召下，产生克服自身毛病与问题的勇气，抛弃假丑恶，追求真善美，从而努力创造出更加完美的自我。

3. 榜样可以给予人强烈的充实感

作为企业总裁，作为员工心中的榜样与完美的化身，榜样往往是贡献和付出大于索取与回报，并且具有强大的人格魅力和力量。而作为人类，在追求物质需要的同时也更加需要精神世界的充实和富足，就像前面提到的冶炼公司的曾总，他之所以被员工所尊敬和学习，正是因为在他的身上具有一种刻苦钻研、不为名利、勇于付出、无私奉献的工作精神，员工正是被这种精神所鼓舞和感动。奉献是人生最大的快乐，世界因为奉献而变得美好，人生也往往因为奉献而变得充实。

三维智慧风暴实战策略

事前：参与到位

作为企业总裁，作为员工心中的榜样，如何更好地发挥榜样的力量，首先就要做到工作中的参与到位。

总裁在布置与安排各项工作的时候，一定要在事前做到积极主动地参与到位，任务安排完了，以为交给员工去执行就可以了吗？当然不可以，为了保证工作的有效开展，更是为了给员工树立良好的工作榜样，企业总裁必须在工作的准备阶段就参与其中，就工作的每个细节和每个方面与员工展开深入而细致的讨论，让大家畅所欲言，各抒己见，在讨论之后，总裁要结合每个人的意见与观点，进行严格的梳理与整合，在各位员工的一致认可之下，得到工作开展之前的整体思路与方案。

许多企业总裁都十分重视工作当中的事前安排以及沟通环节，因为良好的前提与基础不仅有利于后续工作的开展，同时也利于培养员工的缜密思维与思考问题的正确思路。

我曾受邀给一家零售贸易企业做有关于压力释放的培训，在进行培训合作洽谈的当天，原本只是需要公司的培训经理或人资经理参与的训前沟通和合同签订的事宜，但该公司的总裁王总也一同出现在了洽谈室。

沟通与洽谈的过程是明确而又十分细节化的，我向王总以及该公司的相关人员介绍了课程的主要受众对象、课堂的讲授方式以及课程主要涉及的互动内容，同时针对王总较为关注和感兴趣的具体培训内容以及实战安排等也做了详细的沟通。

据了解，由于该公司将要计划上市，上市的严格要求与相关安排使得每位员工需要在工作中承担更大的责任与压力，尤其是作为竞争异常激烈的零售贸易行业，可能稍微一松懈，就会被对手轻而易举地赶超过去。对于上市，虽然很多员工已经开始认识到了其有利于企业及员工发展的一面，但也看到并感受到了上市工作的开展所带来的压力、工作节奏与相关要求的变化，王总希望能够通过这次培训，让员工看到压力存在并增加的原因，给员工一个清晰美好的发展蓝图，从而增加员工努力工作的信心，在运作上市的关键一年里大家齐心协力，将公司的整体业绩与发展水平提升到一个新的档次。

王总认为，在一个企业当中，虽然不是每一项工作都必须总裁或老板亲力亲为，事必躬亲，但是对于一些十分重要的工作，也就是会对企业的发展带来一定变化与提升的内容，老板是非常愿意也认为十分有必要和员工一起参与到整个事情的前期沟通与安排规划上来的。

通过这次培训活动的开展，也让我看到了一个负责任的企业总裁所树立起来的一种榜样的形象，并感受到了这份强大的榜样力量，简单朴实的话语、身体力行的做法以及睿智智慧的思维，都让人充分感受到了企业良好的工作意识与团队的合作氛围。

作为企业总裁，榜样的树立要体现并渗透到组织工作中的各个环节，其中事前的参与到位就是非常重要的一个方面，因为事前工作的充分安排与参与会直接影响到事中以及事后的工作进度甚至完成结果。

1. 要与工作内容所涉及的客户保持充分沟通，明确相关要求

每一项工作在具体开展之前，都会涉及服务的另一方，也就是我们的客户或顾客。为了达到客户的具体要求和高度满意，从而最终实现公司的销售利润与影响的提升，在工作具体开展之前，应当就工作本身的相关事宜与客户进行充分的沟通与商议，企业总裁则在其中充当重要的沟通作用与决定位置。作为企业总裁应当就客户的实际需要、相关完成要求、在开展过程中可能出现的问题和碰到的阻碍以及完成的准确时间和价格区间等进行充分的了解与意见的交换，从而掌握此项任务的所有环节以及客户的所有想法，在斟酌思考过后进入任务的全面安排与具体实施阶段。

2. 要思考确定能够承接此项工作的部门与团队成员

在与客户明确了任务的所有要求与意见之后，下一步就要对公司内完成此项工作的团队及人员进行合理的安排。对于承接人员的具体选择与确定需要思考以下几个方面：第一，考虑此项任务最适宜哪个部门来完成，同时需要哪些部门给予必要的协助和配合，团队的成员需要如何规划和安排，团队中各个成员的任务以及职责的发挥是怎样的，等等；第二，分析此次工作的完成对公司的利润以及影响是怎样的，目前在公司整体的工作安排和进度中此项任务所处的地位和重要性如何，等等。

3. 要对整个工作的实施要求以及进度安排进行讨论安排

当完成了与客户的沟通确认以及公司内部负责团队的选择与安排工

作之后，最后一步也是非常重要的一步就是针对具体工作任务的组内协调与统筹安排。企业总裁要带领团队成员召开工作进度推进会，就工作的整体安排情况、完成进度、时间节点以及职责分配等相关工作进行明确的沟通讨论与确定，从而为工作的具体开展做好准备和铺垫。

事中：及时沟通

作为企业总裁，榜样力量的体现不是说每天都要在员工面前摆出榜样的姿态和架势，也不是说经常性地向员工宣导并讲授有关榜样的例子和榜样应当达到的标准，空泛的指导与说教远远无法甚至根本不能让员工真正从领导的身上学到任何有价值的工作经验和职业理论，所以真正希望树立榜样力量并希望员工真正能够从精神人物的引领下获得某些方面的进步与成长，才是工作的切入点。因此总裁需要真真正正地参与并融入到员工的日常生活和工作中，从实际工作中的每个细节之处给予员工真心的帮助与有利的指导。

企业总裁要做员工的榜样，就要在工作中的每一个环节为员工把握大的方向，在放手让员工去体验和历练的同时为员工把好关、掌好舵。关于榜样彰显的三个维度即事前参与到位、事中及时沟通以及事后进一步优化。关于事前的参与到位我们已经在上一小节的内容中进行了讨论与总结，本小节我将和大家共同就事中的及时沟通这一内容进行思考和分析。

张士伟是一家大型高端婚礼礼仪公司的总裁，该公司在行业圈中以及当地都享有一定的声誉，原因之一是该公司主要的业务是承接高端的婚礼及开业活动策划等工作，不仅策划方案新颖奇特，实施效果也颇为明显，因此获得了业内人士的认可以及合作公司的普遍赞同；更重要的是张总在工作中的做事风格与处世态度也让人印象深刻，尤其是在员工心中已经树立起了良好的工作与职业形象，且这样的榜样力量正以极快的速度在员工中传播和渗透。

张总的榜样力量尤其体现在工作中的沟通环节。

沟通是人与人之间时间信息与思想意见的交换和传递，在一个组织当中，良好的沟通有着不可或缺的存在价值，管理层与管理层、管理层与员工、员工与员工之间都需要沟通来传播和掌握信息，交流思想，从而帮助员工解决困难、推动组织的发展和工作的进一步优化。

前不久，公司接了一个大型活动的开业策划案，客户要求准备和完成的时间都比较紧急，为了更加完美地达到甚至超出客户的要求，张总将案子交给了公司较为优秀的一支团队去完成。

但百密也有一疏，就在最后一个环节，团队成员Mary的失误险些造成公司巨额损失。

张总得知后，立刻召开紧急会议，看到老总亲自出马以及一张严肃的脸庞，员工们无不紧张。

会议中，Mary始终不敢抬头正眼看张总，直到张总发话："我长得有那么惊悚吗？为什么都低着头？Mary，事出于你，你来说说这个问题的始末！"

Mary用颤抖的声音轻声细语地说明了来龙去脉，他以为张总听后会因此大发雷霆，想不到的是，张总态度180度大转弯，微微一笑说："这你也太马虎了吧？好在不是什么大问题，我之所以召开紧急会议也是想快点发现问题、解决问题，这个大单子明早就要提交给客户了，我可不想到时候悔之晚矣。Mary，你最了解这个问题，现在任命你为临时小组长，今晚通宵加班也要把这个问题解决，不过放心，加班费按5倍工资计算。有任何问题再随时与我沟通。"说着，张总一边接起电话，一边走出了会议室大门。

在案子策划及撰写的过程中，张总也没有不管不问，而是尽量在百忙之中与负责团队的成员进行方案的沟通，帮助大家出点子、找方法、借鉴相关方面的优秀案例，了解各个环节的进展并给予员工必要的帮助与协调。

有些员工在方案的流程及想法方面会出现各执一词的情况，或是出现了分歧和矛盾，张总便开导大家，给员工宽心，从而不仅有效化解了员工之间的矛盾，还帮助大家确定了相关环节的主题。作为企业的榜样，作为员工的榜样，张总在工作的开展过程中便很好地掌握了及时沟通的重要性，从而有效推进了工作的正常开展和优化提升。

1. 及时了解各项工作的进展情况

在日常工作中，作为企业总裁应当及时了解各项工作的进展情况。这里所说的及时了解包括两方面的含义，首先，及时就需要根据此项工作的时间段和完成进度，同时还要掌握员工的完成情况，进行必要的工作跟进和情况了解，发现有员工无法解决的问题要尽可能的和员工一同分析，共同协调，找到问题的症结所在，在得到结果的同时要教会员工解决的方法和技巧；其次，了解不单单是指简单的询问或象征性的关心，而是在熟悉和了解此项工作的各个环节的基础之上，跟进员工开展和完成的阶段进度，进行详细地情况了解和询问，从而为员工掌握大方向，把好大局面。

2. 及时掌握工作中员工的情绪走向

事中的及时沟通还体现在及时掌握工作中员工的情绪走向问题。一个人情绪的变化和好坏对工作的影响是显而易见的，好的心情和情绪不仅会让整个人看起来精神焕发、充满力量和向上的斗志，还能带动和影响身边的人，从而使整个工作的团队都被一种积极向上乐观宽容的良好氛围所包围，进而转化为工作的动力，创造出更好的工作业绩。然而不良的工作情绪就像一个随时都可能引爆的炸弹，埋伏在公司和团队中的任何角落等待着一触即发的那一刻，不好的情绪不仅严重有损个人的身体健康，影响工作的情绪、思想甚至智力，阻碍创意和灵感的出现，还会影响整个团队的工作效率和工作情绪，从而降低工作效率，影响业绩的达成。人的情绪总是会受外界的影响，所以工作中偶尔的摩擦和矛盾都会影响到员工的工作情绪，作为总裁，要及时洞察员工情绪的变化和走向，及时帮助员工赶走不良情绪，让积极乐观的好情绪重新回到员工的身上。

3. 及时化解工作中的各种矛盾与分歧

事中的及时沟通还体现在工作中对各种矛盾与分歧的有效化解。部门员工在开展某项工作的过程中，难免会因为环节的协商、方法的运用、责任人的确立以及与客户的沟通方面出现这样那样的矛盾与分歧，作为公司总裁，作为团队的总负责人，要能够及时发现和掌握出现的问题，并在第一时间给予协调和化解，从而为工作的正常进行扫除障碍。

事后：总结优化

企业总裁关于榜样力量彰显的三个维度除了事前的参与到位、事中的及时沟通，最后一步也同样非常重要，那就是事后的进一步优化。优化通常是指为了使某一方面的工作变得更加优秀而“去其糟粕、取其精华”，即舍弃或去除多余的部分和不重要的部分，从而使工作或任务开展的更加出色。同时优化也是一种在工作收尾和完成阶段的自我审查与检省，对工作中进行和开展过的每一步进行思考和检查，查找出现的问题或者哪一步可以做得更加出色和到位，哪些问题可以考虑得更加周全和完善，团队中的每一名成员还需进行哪些方面的提升与修炼，等等。

王春琦是我服务过的一家室内装饰装潢设计公司的总裁，在多次的培训合作中我们已经建立了非常好的工作关系与朋友情谊，对于王总的工作方法与处世哲学我也有了更多的了解和体会，同时也希望和各位共同分享和学习。

王总对于工作中各个环节都要求的颇为严格和精细，无论是要求自己还是要求各位高管人员，因为在他的工作字典里只有精益求精和做得更好，没有差不多和一般尚可之类含糊模糊的要求与标准。在公司里面王总的一言一行以及对工作的执著和求真已经成为了员工学习和提升自我的榜样，尤其是对工作的精细要求与优化处理方面让员工们收获颇多，同时更加深了对王总的钦佩和尊敬。

前段时间，公司为某著名的五星级酒店进行了市内大堂、会议室及接待厅的重新规划设计与装潢装饰工作。历时近半年的工作完成后，王总特意召集了负责此项任务的团队成员进行了一次工作总结会议。

会上王总对工作中曾出现的各种问题和矛盾进行了逐一的总结与梳理，分别分析了出现的原因，造成的后果以及在以后的工作中如何更好的加以避免和规避。同时团队中的每个成员都要对所承担的工作任务进行总结，总结自己做得比较好的一面以及需要继续锻炼和提升的一面等。王总还对今后的工作提出了新的要求与期待，号召大家在以后类似的工作中采用更为积极有效的方法和合作态度，那么工作便会开展的更好，客户也会更加满意公司的创意与设计；最后王总还对团队此次任务的整体完成情况进行了评分，激励大家继续努力，以创造更为辉煌的业绩。

王总对工作精益求精的态度以及对员工榜样行为的树立与彰显，不仅让员工们从中获得了切切实实的需要和帮助，也让所有他身边的朋友收获了工作中的思考与体悟。

1. 进一步优化就是要对工作中出现的问题和教训进行总结和梳理

一项工作完成以后，并不代表真正的结束或是可以立即开展下一项工作，因为员工是否拥有好的工作习惯以及企业总裁榜样力量的充分彰显，还体现在一个很重要的方面，即要对完成的工作进行进一步优化，要对工作中出现的问题和教训进行全面系统的总结与梳理。

事后的进一步优化就是要对每一项已经完成提报的工作内容进行重

新的剖析与梳理，从中找寻各方面的问题以及能够提升的方面，例如，哪些问题和错误是不应该发生的，发生之后采取了什么应对的措施与方法，哪些环节是应该对接得更加完整和协调的，以后应该如何避免，哪些问题是由于员工的疏忽造成的，哪些问题是由于客户资料提供的不足和差异所造成的等都属于优化的范畴，作为企业总裁一定要加以重视，并带领骨干力量进行认真地研讨和分析。

2. 进一步优化就是要思考如何在以后的工作中加以不断改进与提升

创新使人进步，创新使企业甚至国家得以快速的发展，所以工作中我们要学会进一步的思考与创新，思考如何在以后的工作中加以不断的改进与提升，从而使各项工作开展得更加完美，结果更加符合客户的要求及发展的需要，更加有利于自我成长与进步的充分实现。

事后的进一步优化还指的是要通过此次工作和任务对以后的同类工作进行认真地回顾与思考，从而加以提升、不断完善并力求卓越。这一类优化要求突出的是从同类工作所引出的迁移的观点，即由某项工作引出的对同类工作或其他工作的整体思考和探究，例如如何能够在以后的工作中突破此种形式与模式，如何进行更加适合的创新与立意，如何让客户对我们的方案和效果达到百分之二百的满意和认可，如何学会超出顾客的期望，等等。

3. 进一步优化就是要对团队的整体工作效果进行有效的评估与优化

每一次工作完成以后，执行的团队都要召开工作完成效果评估会议，即对此次工作的整体完成情况以及团队工作的执行能力进行多角度多方面的评估与优化，每一名团队成员都可以畅所欲言，充分阐述自己的观点以及对此次工作完成效果的意见与建议，团队领导以及企业总裁在充分听取员工想法的基础之上再融合自己的总结与见地，吸取经验总结教训，为下一次更好地完成工作任务提供必要的参考和保障。

事后的进一步优化还指的是工作或任务的完成人员，即负责此项任务的员工和隶属的团队。如何进一步提升团队的合作效果与作战能力、如何引领和指导员工达到更高层次的思考与实践的阶段和领域，是每一位企业总裁思考的问题，所以工作优化的另一个方面就是对团队及团队成员整体工作效果进行有效的评估与优化。

总裁密码

第4章

二段总裁：做说教，凤舞九天感召天下人

二段韬略分析

企业总裁要善于在日常工作中对员工加强正确积极的教育和引导，关心员工的进步与成长，在适当的时候给予他们激励与帮助，鼓励员工突破困难、勇往直前。企业总裁要做一位善于说教的领导，用自己的说教和指导对员工进行多角度、全方位的积极正面的影响和作用，帮助员工建立工作的信心，指导他们更好的完成各项工作，指导大家开展各项工作的技巧和方法，给予员工适当的激励与表扬，关注员工在工作中的心理状态以及情绪走向，了解员工的工作需求与实际需要，等等。但是要说明的是，这里所指的说教并不是夸夸其谈和空泛的光说不练，而是结合各种工作实际对员工进行理念与思维的说教以及方法和技能的指导。

联想集团总裁柳传志先生作为集团的最高领导者和管理者，在将近20年的企业管理生涯中，带领旗下团队勇于开拓、奋发进取，不仅将联想集团做成了国内最大的计算机产业集团，实现了多项技术的创新与突破，斩获了多项高新技术奖项，更是在世界的经济舞台上站稳了一席之地。同时，柳传志先生在多年的决策与管理生涯以及团队带领的过程中，积累了丰富的经验与管理心得，更是十分善于"平淡无奇"的说教艺术。

合理有效的说教不仅能够阐述管理中的思想和表达意图，更好的为企业指明发展方向，进行适当思想的“拨乱反正”，培养员工工作的创新理念和思维，教导其正确的工作方法和技能，更是企业总裁必须具备的能力与素质之一，柳传志先生独特的“柳式说教”不仅对企业的管理和发展方面起到了积极的作用，对团队和员工的培养更是影响深远。

例如，“有5%的希望，就要付出100%的努力”“小公司做事，大公司做人”“偏执也就是对目标的执著”“每个人都面临着挫折和失败的可能，这是我们每个人人生经历的一部分”“人很大的兴趣就是感觉一步一步地往自己设定的目标方向去努力”等。这些话看似不温不火、平淡无奇，但是当你将这些话与联想的发展传奇联系在一起之后，你就会发现这些语言是多么具有穿透力，一针见血地点出了管理中的诸多问题。

企业总裁一定要善于说教，善于将自己的人生智慧与管理思维传递给你的团队和你的员工，让他们受到你的积极影响和作用，从而更好的完成各项工作，创造完美价值。

教：理念与思维

企业总裁的角色不仅是企业当中的最高决策者、管理者和领导者，掌控着企业的发展方向与方针策略；更是企业的标杆、榜样以及员工学习的参照。我在与企业咨询的过程中发现我们中小企业经营者在经营理念上出了不少问题。即使有理念贯彻的力度与速度，深度却不够。我给企业提出一个概念就是："企业发展到规范期时要做深度1m、宽度1cm的动作研究。"企业总裁要能够充当企业员工的培训师与教导员，在日常工作中对员工进行管理与工作理念的教育以及创新发散的思维引导，要能够帮助员工将工作的心态调整到最佳的位置，在工作中教导员工相关工作的方法、工作的思路以及工作的创新点；在生活中要多给予员工关心，关心他们的健康、关心他们的进步与成长和进步中的惊喜与收获。以上总结成三维法则就是："先进的理念、创新的方法、执著的信念！"

良好的管理理念与思维方式不仅是自我成长与进步的需要，更是企业发展和壮大的需要，在企业的运营管理工作中，良好的执行力与超强的行动力固然重要，但是如果没有正确的理念与思维的引导，所有的行动也必将是无用功，所以做事需要正确有效的理念去牵引和指挥，需要在工作中加强发散性思维的锻炼与学习。作为企业总裁必定在这些方面拥有丰富的经验与值得员工学习的价值财富，就应当本着对企业负责的态度和对员工负责的态度，给予员工这方面的启发和引导。企业的成功靠的不是一个人，即使他是企业的核心人物或是最高领导者，企业要想获得全面的成功，依靠的必定是步伐统一的员工团队，需要所有人的不懈努力与顽强拼搏。

王鑫是香港一家Supermarket连锁企业的总裁，也是我曾经多次合作培训过的一家企业老总。作为企业的领导人与管理者，对于员工的日常培养与管理工作我们有着相通的心得与体会。

领导之所以能够站在领导的岗位上，正是因为自己在企业管理、社会经验、人生阅历、问题思考甚至发展方向等方面有着丰富的积累与想法，而工作就是一种分享，为了使员工得到更快更好的成长，领导人应当努力充当老师的角色，利用说教的力量对员工进行多方面的影响与积极正面的提升。

上个月，在一期培训结束后，王总邀请我去参加公司月度员工大会，大会上，王总讲道："大家可能每天都在做着属于自己的那部分工作，每天也几乎都在思考自己这一摊的事，但是你有没有想过，一味的干活而没有过多思考的日子会有多么的枯燥和乏味，工作和生活一样，当然也是生活的一部分，所以工作也理应和生活一样充满一定的情调与丰富充实的元素，这就需要我们的员工能够在平凡的工作中多发现、多思索、多锻炼、多提升；开阔自己的眼界，多钻研更好的开展工作的方法和技巧，拓展自己的思维意识，提高文化的修养，等等。"

从讲话的内容当中，我深深地体会到，作为企业的总裁应当善于教给员工工作的理念和思维，帮助员工突破自我，不断进步，从而也就推动了企业的不断发展和进步。

1. 教会员工摆正工作心态，面对工作要积极、敬业且充满责任心

作为企业总裁，应在日常工作中通过各种有效的沟通与说教，加强对员工正确工作心态的引导，一个好的工作心态是有效开展各项工作的前提，很多人在工作中都存在过这样的心理：我如此拼命的工作和付出到底是为了什么，我就算做得再好，也是在为别人做嫁衣，在为别人的房子添砖加瓦，到头来还是个打工的，除了一些微薄的薪水我什么都得不到。

如果你的员工正存有这种不良的心态，作为总裁的你就要引起重视并适当的加以正确的引导：虽然你的身份是在为别人打工，但是当你付出辛苦的同时，你的个人能力也随之得到了进一步的提升和加强，眼界得到了开阔，思维得到了锻炼，总之当你为企业创造价值的同时也实现了自己的个人价值，积累了属于自己的人生财富。

员工面对工作应当积极、敬业且充满责任心，积极是一种做事的态度，积极的态度不仅会提升工作效率，也会让你的生活充满更多的精彩；敬业是一种奉献的精神，是一种高度负责任的工作态度，是我们在工作中应当具备的品质；责任心更是重中之重的一点要求，一个没有责任心的人是不会做好本职工作的。

2. 教会员工考虑问题要全面系统，发现问题然后思考问题最后去解决问题

总裁要教导员工全面细致地思考问题，培养自己的整体思想与全局观念，每个问题的出现与解决都不是毫无关系的，而是连接着许多千丝万缕的问题和因果关系，所以员工在分析和处理问题的时候，一定要学会像领导一样站在一定的高度，更深更广地全面看待问题，从而加以解决。当问题和困难出现的时候，一个有着成熟思维的员工就一定能够保持足够的冷静，从而认真仔细的加以思考和分析，继而解决问题。

三维法则就是：“发现问题是能力、思考问题是实力、解决问题是魄力!”

3. 教导员工善于培养自己日常工作与管理的创新理念，努力开拓发展思维

创新意识与多维思维的锻炼与发展是每一名员工在职场生涯中理

应掌握的技能之一，也是企业领导需要教会员工的一项发展技巧。创新理念的培养需要员工在日常工作中多看、多听、多学习新事物、多掌握新方法，多向经验丰富的领导和同事请教和学习，将别人给予的理念经过自己的思考融合，从而进行有效的创新和发展。同时企业总裁还应当在工作中帮助员工努力开拓发展的新思维与工作的新方法及新思路。

思维是我们对客观事实的反应和概括，它所反映的是事物的本质与事物之间的联系，包括我们常说的逻辑思维、形象思维以及发散思维等。思维的开拓与延伸能够帮助我们更好的发现问题、认识问题和解决问题，所以企业的领导者要在工作中多方面多角度地对员工进行思维的启发与锻炼，培养员工运用思维的能力与方法。

导：方法与技能

俗话说：活到老，学到老。不断的学习与提升自我是一个积极要求进步的人一辈子都需要做的事，尤其在职场当中，更需要员工具备这样一种持续学习的精神和态度。所以作为企业总裁要善于教导员工学习更多的工作方法与操作技能，更加多方面多角度地锻炼自己和提升自己，才能适应相对复杂多变的职场环境。很多员工在日常工作中，当对自己的工作已经非常了解和熟练之后，就一直按部就班的持续下去，以致后来工作看不到一点的创新和突破，员工自己也因为工作的重复和单调性，感受不到新鲜感而渐渐出现了厌烦和焦躁的心理和情绪。所以不管是从改变员工情绪和工作态度的角度，还是从员工的职场生涯的持续性与创新性方面来看，作为企业总裁都有义务和责任对员工进行长期不懈的说教，即要努力教导员工学习更多的有关工作、生活、为人处世等各方各面的方法以及提升工作效率、拓宽业务渠道等相关的工作技能。

在日常工作中，为了使各项工作达到一个更好的完成效果和满意度，抑或为了锻炼员工掌握到更多的工作方法与实用性的工作技能，很多企业中的领导者与管理者不仅仅负责为员工分配各项工作任务，还要负责教导员工汲取更多的知识以武装自己的职业发展之路。这就好比上学的时候做数学题，为了让学生掌握更多的学习方法并拓展学生的思考能力、思维能力，很多老师都会启发学生用更多的方法来解同一道题，在这里我们倡导的将不再是传统的“一把钥匙开一把锁”，而是“多把钥匙开一把锁”或是“一把锁的不同开法”。

工作中的方法与技能是一个相对宽泛的概念，如果要细化到实际工作中，方法就可分为人际交往的方法与技能、顾客服务的方法与技能、谈话的技巧与方法以及销售的方法与技能等。在日常工作中，企业总裁要充分利用各种机会，运用自己丰富的工作经验对员工进行方法与技能的探究与引导，从而使员工得到更加快速与茁壮的成长，打造各方面业务能力过硬的执行团队。

前段时间 KONE 公司的总裁陈友伦邀请我为其公司做一次“企业文化建设与宣传工作”的培训讲授课程，培训效果非常好也产生了较大的影响。

课程结束后，陈总开心地和我讲起目前公司准备在企业文化建设工作方面的投入，希望我可以从专业的角度给出适当的建议和意见。

据了解，他想在公司建立一个正规的企业文化宣传部，招聘若干建设宣传人员，分别负责文案、策划、设计以及活动组织与推广工作等，然后将公司的企业文化宣传工作全面启动起来，逐步为公司带来更好的宣传效果。

针对陈总的想法，我给出了这样的建议：由于贵公司刚刚做企业文化这项工作时间不长，属于起步阶段，公司高管对其重视与关注的心理和态度我非常理解，但工作讲求循序渐进，况且从公司成本来说，其实倒是可以先确定一到两个人即可，由这两个人全面负责企业文化建设与宣传工作中的各个大项目，然后公司领导可以在具体工作中对他们进行相关方法与技能的指导与培训，这样不仅节省了公司的支出成本，最重要的是还让员工丰富了自己各方面的能力，学习到了更多的方法技能，何乐而不为呢？况且如果其中的每一项具体工作都需要招聘一个专门人员的话，那么以后可能还需要推广人员、摄像人员、拍照人员、内勤文员等，这样公司的成本如何控制，最大利润又从何而来呢？

员工不是招来的，而是培养出来的。而且从员工本身来讲，他们也愿意获得更多知识的提升与能力的积累，所以与其将此部门涉及的各个岗位人员都配备齐全，倒不如在对员工的说教与培养的角度多下工夫。

如何成为一个善于说教的企业总裁？怎么教导员工工作中的方法与技能呢？

1. 引导员工探寻更多的工作方法

面对同一项工作，不同的员工解决和处理的方法是不同的，每种方法也都有值得我们学习和借鉴的方面，都有提升工作效率并优化工作细节的作用，所以企业总裁应当在工作中引导员工学习探寻更多的工作方法，即同一项工作都可以从哪些方面进行考虑、筹划与安排实施，哪种方法会相对缩短所用的工作时间，提高工作质量，哪种方法是之前从未尝试过的但却是值得尝试的，或者哪些方法对于企业的经济效益与利润的达成会起到更大的支持作用等。工作中的方法途径是多种多样的，我们需要的就是建立一种不断学习与提升的态度，努力尝试与钻研的精神，以及领导人不懈的引导与启发。

2. 引导员工掌握更好的操作技能

工作技能是为了完成某项工作所投入的知识、经验与技巧方法等的总称，不同的工作性质与种类所需学习和掌握的操作技能也是不同的。就像陈总公司的企业文化建设工作，无论是从公司的利益出发还是从员工的职业发展出发，一位普通的企宣人员可能最为擅长的是文字处理，但是为了工作的更好开展以及自我能力的提升，就完全可以学习更多的与之相关的工作技能，如学习摄影、照相、一定的平面设计与策划等，即使掌握的不是很精通，但是随着工作的深入与不断的尝试，相信一定会成为工作中的“全能”选手。

三维智慧风暴实战策略

岗前：指导

总裁说教第一步，即要在员工正式上岗之前给予必要的指导与充分的关注，这里所说的指导包括工作内容与业务方面的指导，个人职业发展生涯的规划，还包括如何更好的与领导相处、与同事相处以及如何调整自己的工作心态等多方面的指导；岗前指的是公司各部门的核心管理人员在正式就任某一岗位之前，或者是调整到新的工作部门或新的岗位之前，作为企业总裁应当在工作就任与交接的空当时期给予员工必要的指导，无论是工作、生活、心理还是情绪压力等各方面，良好的指导与必要的关注都会让员工感受到工作与生活的价值。

说教的力量与涉及的范围充分体现在工作的各个阶段，企业总裁不需要有多么优秀的语言能力与演讲天分，而是实实在在的对员工进行工作中的必要帮助与辅导即可。充分的指导与必要的关注不仅有利于员工各方面能力的提升与自我价值的实现，同时也有利于公司整体效率的增强与领导人工作魅力的彰显。

前段时间，苏州 HK 公司由于业务发展的需要以及人员储备的需求，招聘了一批中层以上管理人员，可以说每个人在之前的个人职业发展之路上都是身经百战的勇士，也是企业发展的核心力量，作为企业总裁齐建国非常重视这批管理人员的招聘、就任与日后的培养引导工作，于是便邀请我为这批新入职的管理人员进行一次全面系统且意义深远的培训工作。

每位员工在正式上岗之前都需要对自己有一个重新的审视过程，对即将服务的企业有一个全面系统的认识与了解，对自己的工作内容、业务范围、工作关系甚至是老板的相关情况等都需要有一个深入系统的了解和认知过程。

为此，我首先在培训课堂上对各位表示了热烈与衷心的欢迎，同时希望他们在与企业的共发展共进步中实现自我的职业与人生价值。接下来我根据之前的准备和了解对每个人的岗位工作内容、所在部门的相关情况以及工作中涉及或可能涉及的工作关系等给予了充分的说明和介绍，以便大家能够更加快速地融入到这个集体中来，更加迅速地适应环境并着手开展工作。

紧接着，我带领大家共同进行了一次心理冲关的培训，主要目的是帮助大家建立正确积极的工作心态、赶走不良情绪的困扰并且学会有效的释放压力。

在培训过程中，齐总也是全程参与并与各位共同保持互动，为新入职的管理人员留下了深刻的印象。

要知道，总裁每天都有忙不完的事情，能坚持全程参与课程的总裁并不多。中途有好几次，我见齐总似乎正在为一通电话为难，犹豫是该去参加饭局，还是留下来继续指导新人工作。

我劝说："齐总，这边就交给我吧，您要是太忙就不必勉强全程参与了，何况您已经参加了将近一大半的课程了。"

齐总思前想后，还是摇摇头："这可不行，我不能半途而废，员工对总裁的第一印象很重要。何况，我必须身体力行，才能让他们感受到企业的氛围和工作的重要性。”

可见，员工的职业生涯是与所服务的企业紧密联系在一起的，企业在发展壮大的同时也必须要考虑到员工的个人发展问题，只有员工的未来有着明确实现的希望，企业才会拥有更大的未来，员工也才会更有信心的工作和发展下去，否则员工与企业只会是两败俱伤的结果。所以HK公司为每一个岗位的员工都明确规划了清晰的发展未来与详细的梯度成长计划，以帮助员工更好的认识自己的工作岗位并愿意与公司共打拼、共命运。整个培训收到了良好的说教与反馈效果，新员工们在正式上岗之前能够与企业进行面对面的交流与沟通，无论是对员工自身还是对发展中的企业都是非常有益和有必要的。

那么所谓的岗前指导到底要求企业总裁做到哪些方面呢?

1. 岗前要对员工的工作内容以及工作关系给予充分的指导

即使企业的新进员工在之前的职业生涯中已经积累了丰富的工作经验，对于某个领域的工作已经做到驾轻就熟、了如指掌，但是毕竟每个企业有每个企业的发展与运营特点，不可一概而论，所以企业总裁在员工正式上岗之前需要给予必要的工作内容与相关要求的说明与指导，同时要对员工即将到岗的部门进行引领和介绍，对于该部门目前的业务范围、发展情况以及在公司中所处的实际位置进行必要的说明，还要对其介绍公司的整体发展情况、组织架构管理、各项规章制度以及其工作所涉及的部门人员关系等进行告知和讲解，以便于员工更好的适应公司的发展与运营节奏及方式。

2. 岗前要对员工的心理变化以及情绪压力给予一定的关心

初次走入一个相对陌生的环境、接触到陌生的工作人员与公司关系，许多人会稍显不适应以至于引起心理及情绪方面的变化，这种变化轻者会影响工作的正常启动与开展，重者可能会导致员工心理与身体的疾病，对身心健康造成一定的威胁。所以企业总裁应当充分关注员工的心理变化与情绪走向，以便在适当的时候给予一定的关心与调整，帮助员工打开心结、调整心态、积极适应、释放压力，让自己做情绪的主人而不要让情绪主导自己。

当发现员工的心理与情绪出现问题的时候，作为领导要在进行开导与沟通的同时，帮助其真正地解决问题，这才是除掉根源的最佳途径，即首先要了解员工出现情绪波动的真正原因，进行必要的说教与开导，然后了解其是工作上的问题还是其他生活方面的问题，在力所能及的范围之内帮助开导、分析和解决，让员工感受到领导与公司的关爱，从而更好的开展工作，创造企业与个人的价值。

3. 岗前要对员工的职业生涯以及发展规划给予必要的关注

正式上岗之前还有一个非常重要的内容需要与员工进行充分的说明与沟通，即有关员工的职业生涯的发展规划问题。作为企业总裁要对员工的职业生涯发展给予必要的关注，要对员工的特长、爱好与实际能力给予充分的分析，结合公司发展的实际情况，充分听取员工个人的意见和想法，从而将员工安排到更加适合其长远发展的岗位上来，这样不仅便于员工能力的充分发挥与不断积累和提升，同时也有利于企业的全面发展与实力的彰显。

岗中：督导

完成了岗前指导的一系列工作，并不代表员工的工作便会开展得一帆风顺，能够持续向上的为公司创造价值，对员工的说教与跟进是长期性的，需要体现在日常工作中的点滴环节，所以作为企业总裁展示说教力量的第二步，便是在日常工作中，对员工进行全面系统的督导。所谓的督导，即是对员工的日常工作进行必要的督促与指导，指导是帮助员工更好的开展各项工作，解决员工无法解决的难题与障碍，使其顺利的过渡到下一个工作阶段或工作内容；督促是对员工内心施加的一种外力，即在员工完全有能力解决某项工作或完成某项任务的时候，为了使员工进一步提高工作效率，达到工作的要求与公司的任务，提高自己的约束力与执行力，企业领导人需要经常性地对员工进行工作的督促。无论是督促还是指导都是日常工作中的督导，企业总裁要更好的发挥对员工说教的功用，就要在岗中保持对员工的督导。

企业总裁对员工的督导体现在工作中的各个方面，包括实际工作内容、业务范围、人际关系的处理以及心理的疏导等。岗中的有效督导不仅能够帮助员工更好的开展工作、检省工作中的各项方法与技巧、全面提升工作的执行力、提高工作的完成效率、降低出错率，还能提高领导在员工心中的光辉形象与榜样作用，拉近领导与员工之间的距离，加强沟通的顺畅与自如。

UL公司即将大跨度全面上市，关于上市工作的各项准备工作与沟通洽谈事宜等正在如火如荼的开展和进行当中，公司内部目前也组成了一个以董事会秘书为中心的专门负责上市运作的部门，作为企业总裁的叶华林先生也一直在关注和跟进所有上市工作的安排和进展情况。

公司即将组织召开以各位融资企业为主要参会成员的第二次董事会会议，关于董事会的各项筹备组织工作叶总也是全程给予督促和指导，以帮助大家解决问题，提升工作效率。包括董事会召开的时间、地点与参会人员的沟通和确定、会场的布置、茶点饮料与礼物的准备、照相与录像人员的安排与确定、各项会议文件资料的撰写与复印准备、会议服务人员的统一要求与培训、会前会后人员的接送与住宿就餐的安排、会议的议程、发言人员的商定等，事无巨细，叶总都要给予必要的参与和支持，以保证会议的顺利召开与圆满结束。

在会议准备过程中经常会碰到一些不容易解决和处理的问题，但我发现，叶总永远是最淡定的一个，总是能冷静地思考，不慌不忙、按部就班地督导员工工作。

每当出现问题时，叶总总是首先安抚大家的情绪，与各位共同商议解决的办法，教会员工变通的思考问题，掌握问题解决的办法，最后与员工共同解决问题，打破阻碍；个别员工由于工作的压力以及进度要求的紧迫等原因会产生一些焦躁的情绪，或者对工作存在自己的看法和意见，作为企业总裁要善于观察员工的内心并洞察其真实的想法，认真倾听员工内心的所思所想，并给予充分的理解和关心，尽自己最大努力帮助员工走出心理的障碍与阴影，重新树立工作的信心。

最终董事会顺利召开并圆满地解决了公司上市的相关问题，提高了上市的可能性并有效缩短了上市所需的时间等问题，叶总也在会后对所有参与工作的员工给予表扬，并鼓励大家再接再厉，在以后的工作中创造更加优异的成绩。

1. 岗中应当对员工各项工作的开展与完成情况进行必要的督导

对于企业总裁应当在日常工作中对员工各项工作的开展与完成情况进行必要的督促与指导，以帮助员工更好的掌握工作的进度与节奏、形成多角度的工作思维并拓展思考空间、帮助员工与客户或消费者做好工作的对接和沟通，掌握更加优化的工作方法和操作技能。同时对员工的工作热情、工作开展的积极性与执行力进行必要的督促，以便全面提升工作效率，圆满完成各项工作。

2. 岗中应当帮助员工分析与解决工作中碰到的相关难题与阻碍

员工在工作中难免会遇到这样那样的问题和阻碍，作为企业领导首先要教会员工解决问题的方法和途径，帮助并鼓励员工树立面对挫折的信心和勇气，即所谓的“授之以鱼不如授之以渔”，直接告诉员工问题的答案不如告诉员工解决问题的思路和方法，在以后的工作中若再碰到类似问题，员工也能够依靠自己的力量给予解决。当面对员工能力范围外、无法解决的问题时，企业总裁要及时的帮助员工沟通和解决问题，扫清工作开展道路上的各项阻碍，积极有效的发挥督导的作用。

3. 岗中应当认真倾听员工心理情绪的走向以及工作意见

员工作为独立的工作个体，在面对工作的时候也会以自己的思维对内容加以分析和处理，所以当自己的意见和想法不被团队中的多数成员所认可，甚至不被直接上级所认可的时候，心中难免会产生某种失落感，甚至自暴自弃，从而直接导致工作质量的下降、工作效率的降低以及团队成员之间的不融洽等问题。作为企业领导要善于观察员工在工作中所表现出来的情绪和意见，并加以沟通和倾听。倾听有时是对员工最大的尊重和理解，所以要对这项处理问题的工具进行充分的运用，以发挥其应有的作用。当企业总裁对员工的意见和想法有了充分的了解和认知以后，要加以分析，如果是正确的或者是有利于工作开展和执行的，应当给予表扬和鼓励，并在整个团队中加以贯彻，如果背离了问题的实质，或者不符合工作的要求和进度的提升，也不可直截了当的对员工进行否定，而是要考虑到员工的情绪，温婉地向员工进行说明和解释，相信会得到圆满的结果。

岗后：辅导

岗后辅导主要体现在当员工正式上岗独立进行业务或工作的操作以后，或者员工在阶段性的完成某项工作任务以后，作为企业总裁应当对工作的完成情况给予评定和分析，做的好的地方要给予鼓励，争取再接再厉、再创佳绩；做的稍有欠缺的地方，要帮助找到问题出现的根源，从而加以改正和完善，避免在以后的工作中再出现类似的问题和错误；同时还要启发员工通过何种方法和途径可以掌握处理某项工作更加优化的方法，能够更加有效和快速的提高工作效率与工作业绩，达到更加完美的工作效果。

员工是需要用心去培养、用爱去感化的，在其工作中的每一个阶段都需要得到直接上司或公司领导的关心与协助，无论是对其工作的鼓励与表扬，还是错误的指出与更正，对员工来说都是一份不可多得的宝贵财富。有调查资料显示，一位善于在日常工作中保持对员工的说教，善于与员工进行相互的沟通与交流，且愿意与员工共同面对工作中的困难和挑战的企业总裁或相关企业领导人，更容易得到员工的信任和尊重，其工作的整体完成效率与完成质量也更高，公司的整体业绩、水平实力甚至在团队的协作方面都高于不善于与员工进行必要的说教与沟通交流的企业总裁。

TT公司是一家女装品牌代理商，在当地的行业圈内拥有一定的知名度与长期稳定的消费群，该公司除了整体经营状况与实力方面在行业内占据着比较重要的位置以外，还有一点也是非常突出的，那就是该公司的员工离职率相对较低，员工较为稳定，在这个竞争激烈、你争我夺且员工普遍内心浮躁的今天，一个企业却能够保持较高的员工稳定率实属难得，其中的方法与奥秘也颇为值得其他企业与行业人士学习。

当我与该公司的总裁李明先生聊到这个问题的时候，他爽朗地笑了笑，并表示很愿意将这其中的经验传授给我、传授给正在企业发展道路上努力拼搏的企业领导者和各位员工，希望对大家有参考和借鉴意义。

其实在一个企业中，虽然领导与员工之间有着严格的上下级关系，但是职级上的上下级并不影响彼此之间学习与交流的正常关系。李总认为领导与员工之间在某些时候可以保持一种类似师生或者朋友的关系，工作中互相启发互相帮助，不见得说员工的岗位职级不高，他对于某项工作就没有好的点子和好的创意，每个人都是一个聪明的个体，扬长避短，人人是才，只要善加说教、引导和运用，每个人都可以发挥出超人的意志力与工作能力。

在TT公司，领导和员工之间始终保持着一种融洽和谐的关系，似领导、似老师、似家长又似朋友；同时领导们在工作中比较善于说教，但不是命令式或指示性的说教，而是与员工之间的一种沟通和表达，无论在岗前、岗中还是岗后，大家对工作的每一点付出都被企业深深铭记，对于表现好的伙伴公司不会吝惜表扬鼓励之词，对于因种种原因没有达到工作要求的伙伴，也是耐心地与之沟通，努力找出问题的症结，和大家一起分析、共同解决。团队中的每一名成员无论是在工作中还是生活中遇到了什么困难或阻碍，也都会最大限度地得到上级们的开导和帮助，哪怕只是一句简单的安慰，也会给予员工最大的慰藉。当然首先在工作中给予员工方法的指导与方向的引导还是最重要的，其次要帮助员工总结工作中出现的差错和问题，吸取教训，在以后的工作中加以避免，最后要发散性的启发员工面对同一个工作或任务的时候，是否可以得到更优的方法和处理思路，从而不仅拓展了自己的思维，也同时拓展了工作的思路。

其实在日常的工作当中，原本许多看上去复杂难懂的疑问就藏在这简单易懂的道理之中，多一份对员工的关心、多一份对员工的关注，再多一份对员工的说教与帮助，企业的发展就会朝向更好的目标迈进，企业发展好了，员工也便和企业一同受益，有所收获了。

1. 岗后对员工的工作能力与工作方法给予必要的辅导

在员工正式上岗以后或是完成某项工作之后，作为企业总裁应当对员工的工作完成情况进行整体全面的评估与测评，从而针对此项工作给予员工一份准确的评价与反馈，同时通过此项工作或任务的完成，对员工的工作方法以及工作能力给予客观的评价与指导，帮助员工建立继续努力提升自我的信心，还要对员工进行必要的辅导，以帮助其快速的提升自我，从而在以后的工作中创造更大的成绩。

2. 岗后帮助员工对工作的效果实施检验与问题的总结

每一项工作只可能做到百分之百的努力和用心，但不见得会做到百分之百的完美，当员工完成某项工作时，先不要着急对工作的完成情况或好坏程度给予评价，而是先要对员工表示表扬和鼓励，因为无论结果如何员工的努力付出作为领导是能够看到并感受到的。而后就要和员工一起对工作的实施完成效果进行检验，对发现的问题以及可以加以提升的方面进行全面细致的总结和分析：为什么会出现这个问题？用什么方式或方法是可以避免的？下次我们要如何注意以及怎么样可以做的更加尽善尽美？这些都是需要事后加以总结的各个方面。

同时，企业总裁还要和员工一起倾听顾客以及客户的意见和反馈，通过对方的角度对工作的完成情况再次加以梳理，以争取在以后的工作中为顾客提供更加满意的产品与服务。

3. 岗后启发员工探寻更好的工作思路与业务推进方法

同样一份工作可能每个人思考的角度以及所采用的方法都是不尽相同的，如果加以沟通和交换，那么每个人又可以获得来自别人的更多的方法和途径。企业总裁要善于鼓励与激发团队中的成员，鼓励大家在工作完成后交流彼此的工作心得，交换彼此的思考方法，那么每个人的思路和视野便都得到了拓展，这岂不是一举多得的好事吗？

总裁密码

第5章

三段总裁：做文化，让企业经营变得轻松艺术

三段韬略分析

一个强大的企业就像一台有条不紊、高效运转的机器，由严格的制度、精确的流程以及意味深长的企业文化等几个链条构成，其中，企业文化是关键一环，这一链条断裂，会对企业未来发展造成难以想象的后果，更会加重总裁们对企业经营的负担。

已经离世的前苹果 CEO 乔布斯曾经说过：“我们有世上最优秀的人才，他们每天都在互相鞭策以制造出最好的产品。这就是你在这里的墙上看不到任何写着使命宣言的大海报的原因。我们的企业文化非常简单。”

由乔布斯创立的“全世界市值最大的上市公司”——苹果公司的企业文化与任何一家企业都不同，一般的公司总是有比谁都远大的目标，例如，成为世界第几大公司，而乔布斯的文化理念仅仅是“制造出世界上最完美的产品”，并不是成为最有钱、最大的企业。更为疯狂的是，乔布斯的另一文化理念是提倡员工做“海盗”，并鼓励员工在自己的产品上签名。

这到底是什么企业？难道他们的文化就是自我崇拜？

与其把苹果归为企业，不如把它当成一家聚集了各大艺术家的俱乐部。乔布斯理所当然地是这家俱乐部的“艺术大家”，他要求每一位艺术家都像自己一样，是个完美主义者。在乔布斯的家里，没有任何家具，原因是他找不到自己心仪的家具。对此，他说："我宁可席地而眠，也不愿违背自己的意愿。"

完美——让乔布斯找到了独一无二的企业文化，也铸就了他追求卓越、追求梦想的精神，这种精神注入了整个苹果公司，由此开创了乔布斯式的企业文化，并带领团队直达事业巅峰。

2011年，乔布斯的离开预示着"乔布斯时代"的终结，对世人而言无疑是巨大的悲剧，但他所开创的企业文化却成功地传到了接班人库克的手里，而比这更可怕的是，乔布斯为苹果公司留下的文化遗产将会在未来相当长的时间里以最强的阻力阻碍着对手们紧逼其后的步伐。

做企业就是做文化，哪怕只是最简单的文化，也可以让接下来的经营变得简单、艺术。

做企业就是做文化

随着市场经济的不断发展和深入，如今的企业，早已不是吃"大锅饭"、共享一块"蛋糕"的时代。对总裁们而言，经营企业更像是过日子，总是几家欢喜几家愁，经营得好的，年终岁尾赚得盆满钵满；经营得不好的，朝不虑夕，捉襟见肘。

很多总裁不知为何会走到穷途末路，不知经营企业的秘诀在哪里，其实，做企业就是做文化。

前几天受JT公司邀请去参加他们的年会，这次年会之行让我更加肯定了文化对于企业的重要性。

JT公司在2011年宏图大展，业绩耀眼，因此在春节前夕特意包下当地一家有名的音乐大厅举行公司年会。我本以为整场晚会会在美妙的音乐声中度过，没想到只是JT整个公司，包括所有部门在内的领导、主管按次序讲话，并且大多数都是照着事先准备好的演讲稿念的。总结了过去、展望完未来后，会议就算结束了，最后在场的所有人依次走到大厅门口领了自己的红包后就离开了会场。

这让我顿觉眼前这个企业是缺乏文化的，虽然文化不一定是美妙动听的音乐，但至少也不是领导人喊着空洞的口号。一个明智的企业应该通过公开活动，对内强调自己的企业文化、对外宣扬自己的企业文化。

后来，JT公司的总裁郁天棋兴奋地对我说："你觉得今年的年会怎么样，本来其他部门的主管建议我搞点文艺节目，顺便宣扬一下公司丰富的企业文化，我可不这么想，企业部门代表的发言就是我们企业文化最好的证明了。"

我叹了口气，驳回郁总的观点："您说得没错，一个公司的文化如何，看看领导的水平和素养便可见一斑。那么，请问贵企业的文化到底是什么呢?"

郁总犹豫了，迟迟不知该作何回答："哎呀，你提得太是时候了，一年又一年，公司每天都在求发展、求业绩，我还真没想好我们的企业文化是什么，正好你来帮我想想吧!"

听得出，郁总为了找一个台阶下，故意再把话题丢给我：“我认为，一个强大企业的文化就像魂魄一样无处不在，唯有文化才能以排山倒海之势帮助企业聚拢财富、创造价值。贵公司的文化可以是感恩，也可以是创造，甚至是挑剔，是什么并不重要，关键在于有没有，只有做文化的企业才能久存于世。”

郁总眉头紧锁，随之握紧我的手，微微一笑：“我懂了，接下来我一定要一个有文化的企业。”

何为有文化的企业？怎么做才算得上有文化？

所谓企业文化，从狭义上讲是企业理念、企业口号及企业各种活动的总和；但从广义上看，企业文化应该指企业内所有人员共同认同的价值体系，它决定企业内所有部门和人员的思考方式和行为方式，所以说企业文化是企业所拥有的精神财富，它具有3种功能：

- 影响企业的经营决策；
- 有助于促成企业内部的团结和协调；
- 为所有部门和人员提供共同的思想方式。

1. 文化不是企业用来取暖的一层“外衣”，而是企业整个发展过程中的魂

看一个企业是否有活力和发展前景，关键就看这个企业是否有文化气氛，而创造文化的核心人物是谁？是总裁。

没有文化的企业即使充满活力也是肤浅的形式主义，就像JT公司形式化的年会，就是因为没有一个核心的文化发挥作用，人失去了魂魄自然会变得不堪一击，可想而知，类似这样的企业就算取得了暂时的业绩，也终将在未来激烈的竞争中被其他强者淘汰。而像乔布斯那样，独具魅力的企业文化则成为了企业向世人介绍自己的最好的名片。

因此，文化并不是企业的外衣，无须总裁搞一些形式主义的东西做给别人看，否则，这样的文化就是可有可无的，形同虚设。

2. 身为总裁，应专注对文化的搜集和研究

企业不管是大是小，在发展道路上都会积累一定的经验，我们可以将其视作企业文化的“资料库”，企业文化的建立并不是无中生有、主观臆断，而是要根据自身企业的实际状况、自身特点，通过对“资料”的搜集和研究，找到最适合指引企业发展的“精神导师”。

假设JT企业将为员工发红包，提升员工待遇，为其创造家庭般的温暖就是它的企业文化，只能说它只是看到了物质文化的重要性，却忽视了精神文化对企业的作用。与其说人们崇拜的是苹果公司特别的福利待遇、乔布斯聪明的头脑和智慧，不如说崇拜的是“乔布斯式精神”。不是所有的总裁都能成为乔布斯，但如果不专注文化，企业注定走不远。

当然，企业文化不仅要建立，更要确保在建立后被员工认可，使其参与到文化的每一部分，通过践行加深对企业文化的认知和理解，这样才能免于不只是形式上或表面上认可自己公司的企业文化，才能将文化落到实处，将其转化成精神上的光环，在工作中找到对企业的归属感、依赖感和安全感，拉近员工与企业的距离。

我所见过的很多总裁，整日试图拉近员工与企业的距离，但几句命令或刻意讨好却适得其反，让员工心生畏惧，看不清老板的真实意图，殊不知文化便是拉近企业与员工距离的最佳纽带。

一般来说，企业老总需从企业形象与CI计划开始进行研究与完善。我总结了一下，主要包括以下内容。

（1）什么是CI计划

CI是Corporate Identity的缩写，中文译为“企业形象”。CI计划，是指企业有目的、有计划、战略性地创造出所希望的自身形象，由此提高企业的社会知名度，最终得到自己最适合的经营环境。

CI计划由MI、BI和VI三部分组成。

（2）什么是MI

MI是Mind Identity的缩写，是CI计划中最有价值和最为核心的内容，中文译为“企业理念识别”。它是企业的灵魂和企业整个系统识别的原动力。企业的内部活动、组织制度、管理教育等都受MI的规范影响，它们具有3个方面的重要作用：

- 表达企业存在的价值。
- 决定具体的企业经营方式。
- 规范员工的行为方式。

而通常为了将企业理念简洁、明快地传达给外界社会，也为了促使企业的员工更好地为实现企业理念而努力工作，一般都要将企业理念转化成朗朗上口的语句，使之变成一种企业口号。

松下电器公司每两个月要召集一次部长以上负责人及相关企业负责人的会议，会上必须朗诵由松下董事长颁布的企业口号，这就是：“产业报国，正大光明，亲睦一致，奋发向上，礼节谦让，适应形势，感恩报德。”

在松下电器公司下属的工厂、办事处，每天早晨都要举行一个简短的会议，会上，大家也必须齐声朗诵企业的这段“圣经”。这种近似于宗教方式的活动其实是为了让人摒弃一切杂念，一心一意为实现企业理念而奋斗。无怪乎被誉为经营之神的松下幸之助生前曾讲过："企业口号能使企业上下同心同德，并且有良好的工作效率。"

日本的京都陶瓷公司是一家具有悠久历史的企业。为了使自己在当代社会中更好地发挥作用，该公司决定导入CI计划，并推出了"开发技术，协力经营，向未来挑战"的企业口号，意在重新燃起员工推动企业前进的热情之火。该公司负责人在谈到企业口号的力量时指出，企业口号能使一个人在潜意识中存在渴望工作的念头。实践证明，这种企业"圣经"在新设计的视觉传达系统的配合下起到极好的宣传效果。

(3) 什么是BI

BI是Behavior Identity的缩写，中文译为"企业行为识别"。如果说MI是企业计划的"想法"，那么BI就是企业计划的"做法"。BI有对内、对外两类活动。对内就是建立完善的组织、管理、教育培训、福利制度、行为规范、工作环境、开发研究等，从而增强企业内部凝聚力和向心力；对外则通过市场营销、产品开发、公共关系、公益活动等表达企业理念，从而取得大众及消费者的识别和认同，从而树立企业良好的形象。

(4) 什么是VI

VI是Visual Identity的缩写，中文译为"企业视觉识别"。VI是CI计划的静态识别符号，是企业理念视觉化传达的载体，因此它项目最多，效果最为直接。VI作为视觉识别，它是外在表现，固然需要具有美感，但VI必须是MI的体现，直接反映企业的理念。因此VI设计包含这样一些原则：充分传达企业理念、人性原则、民族性原则、简洁抽象及动态原则、员工参与原则、法律原则、艺术性原则和个性原则。

产品是让人购买和消费的，因此，企业视觉设计必须要满足人的心理情感，以情动人。“亲切感”的形式常是最足以影响业绩的要素。根据调查，那些“具有亲切感”的标志多半拥有具体、单纯、明快的特质。一般人对于常见的事物，自然会产生亲切感。这就是人性原则的应用。

对于消费者和公众来说，他们每天接受的视觉信息（包括企业广告，标志）多达1000～2000条，对其中许多都没有接受，少数只是一晃而过，人们根本没有时间，实际也不愿意去思考、理解那些复杂的设计。因此，在视觉信息到处泛滥的今天，企业视觉设计必须简洁明了，一目了然，一看就懂。当然“简洁”不是“简单”，不是“缺乏吸引力”。这便是简洁抽象及动态原则。

企业标志、标准字体、标准色以及它们的组成如果通过法律程序予以登记，就成为商标受法律保护。因此在设计时，应符合商标法、知识产权法、广告法等有关法律法规，并利用法律保护自己的权利。这是在VI设计中应该遵循的法律原则。

企业标志、标准字体等视觉识别是一种视觉艺术，同时，对视觉的欣赏过程也是一种审美过程，因此，视觉设计必须符合美学原理，适应人们审美的需要，这是必须遵循的艺术性原则。

至于个性原则，如果VI设计与别人相同、没有特点，就难以达到目的。因此，设计必须要有个性，要突出个性。

（5）什么是企业象征图形和吉祥物

企业象征图形是指利用简洁、通俗的抽象图形，而不需要文字描述，可以直接传达企业的经营内容及行业性质或所处地域等信息。企业的象征图形可以是一条色带、一个几何图形或一个抽象的图案等。企业吉祥物的设计是基于提高广告宣传趣味性的需求。近年来已有越来越多的企业开始重视这一方面的设计。比如麦当劳快餐店的“麦当劳叔叔”形象活泼可爱，深受消费者喜爱。在当今越来越强调“趣味推销”“视觉轻松刺激消费”的时候，吉祥物的设计在企业的CI计划推进过程中占着极重要的地位。

（6）什么是企业标准字体和印刷专用字体

企业标准字体是指CI计划中，企业及各部门的专用字体，企业标准字体包括汉字、阿拉伯数字、英文或拉丁文字等。企业标准字体与用作企业标志的字体不同，要求有个性和较强的视觉冲击力，并能体现企业特点。而专用印刷字体，则是指在企业的全体沟通活动中，为统一其文字资讯的格式表现出的特定字体。专用印刷字体包括从现有的字体中选定使用的指定字体，即规格印刷字体；还有企业本身开发独有使用的专用字体，即原创的印刷字体，使之成为企业的专用印刷字体。

（7）什么是企业标准色

企业标准色是指CI计划中，应用于企业建筑、交通工具、宣传品、产品包装、服饰等制作的专用色彩。标准色的使用基准包括标志和标志文字，标志、标志文字与底色的搭配关系。

（8）企业导入CI计划有哪些步骤

一般来说，企业导入CI计划分为4个步骤：

- 提出设想，研究企业现状；
- 确立MI计划，实施BI计划；
- 确认VI计划；
- 对外宣传，全面启动。

（9）企业为什么提倡企业歌曲

在施行CI时，可以借助公司歌曲增强企业凝聚力，美国、日本、中国的许多公司皆有自己的歌曲。据调查，18~22岁的年轻人中，约有70%的人的生活与音乐有密切关系；15~24岁的男性，喜爱音乐者占55.3%，而女性为52%。基于此，许多企业为了满足员工的娱乐需求，把企业理念谱写为公司歌曲。

好的公司歌曲对员工有巨大的感召力和鼓舞力，它能增强员工的凝聚力，激发员工的热情。

例如，著名的日本松下公司，每天早上8时，公司9万多职工一起背诵经营哲学、基本纲领、松下信条和七大精神，一起高唱公司歌曲：

为了促使全民生计
重建新生日本
大家充满勤奋工作的热气
松下电器，我们今天又活泼地聚集在一起
从创业的当初起
日新月异与日月共进
我们以促进世人的电化生活为荣
松下电器，坚守传统的崇高美德
大跃进的时代已经来临
为了让 Nationa 的标志远播世界各地
大家步伐齐一
松下电器，团结的力量真神奇

激昂嘹亮的《松下进行曲》，年复一年、日复一日的仪式，既把全体松下员工的心凝聚在一起，又使公众认为松下是一个被一种精神融合的整体。

我国的太阳神集团公司则邀请著名歌手毛阿敏演唱反映企业理念的歌曲，很好地传达了企业理念和形象，增强了企业的竞争力，使企业广告形成了自己独特的特征：

经过无数个沉浮的春秋
满天的星星还在奔走
没有太阳的黑夜里
燃烧的地平线还在等候
当太阳升起的时候
我们走出桑田沧海
当太阳升起的时候
我们的爱天长地久

对企业而言，一年赢利靠运气，两年赢利靠机遇，三年赢利靠领导，五年赢利靠制度，而百年不败，永久赢利则是得益于企业文化。做企业就是做文化，做一个有文化的企业，才能让经营变得轻松、艺术，让成功来得更快、更持久。

文化是统一核心思想的灵魂

在如今的商场征战中，如果想要自己的企业突破重围、一马当先的赢得胜利，并能够持久深入地发展下去，在牢固并夯实企业各项硬件的同时，最重要的还是要营造并建立属于自己企业的软文化，即做事之前先要明确目标，目标的确定来自行动的方向，方向的形成就要得益于公司的文化导向与核心思想的指引。

企业文化作为一项无形资产是指企业在长期的生产经营与管理实践过程中所缓慢形成的，并为大多数组织成员所认可和接受的一种经营理念、方针、目的、价值观念等的总和，是企业个性化的根本性体现。它是企业生存、发展与竞争的灵魂，不仅反映了企业的精神风貌与团队士气，更重要的是良好的企业文化具有凝聚、协调、规范、鼓励等导向功能，能够在企业的生产经营活动中起到激昂士气和振奋斗志的作用。

企业的发展是以最终赢利为目的的，企业内的所有事情都是围绕这一最终目的而展开的，企业文化也不例外，良好的企业文化是统一核心思想的灵魂，并能够促进企业的发展与壮大。

前几日我受KP公司培训部的委托和邀请，准备在近期为该公司主管级以上员工进行一次有关执行力的培训活动，为了更加个性化且因地制宜的开展培训，使培训内容能够尽可能的贴近KP公司的发展实际，我决定利用三天的时间对这家公司的各方面情况，当然尤其是员工的工作执行力方面进行一次实地的调研与考察。

来到KP公司之后，总裁席总热情地接待了我，他非常希望能够通过我的培训将广大员工的工作执行力最大限度地调动起来。说到目前员工的工作情况，席总便一脸愁容地说："哎，现在的企业正是发展的关键时期，我需要我的员工，尤其是这些主管级以上的骨干力量能够最大限度的发挥他们的潜力，跟着我一条心并朝着一个方向大踏步的走下去，但现在他们的执行力太差了，我是什么招都用过了，开会、批评、宣导，甚至加薪，但就是无济于事。"听过席总的话，我思忖良久，决定好好了解下这个公司的情况。

在这三天的时间里，我逐渐发现KP公司的整体工作氛围不浓，团队成员的合作配合程度也不够默契，部门经理或主管在召开会议进行问题讨论的时候，下属的参与积极性不高；分配工作及下达指令以后，员工的工作执行方向不够明确和统一，更谈不上工作的执行力度了；同时，我还发现该公司的人力资源部在员工入职的时候并没有下发公司的任何宣传材料和员工手册，也没有一些人性化的入职引导和情况简介，有的只是公司各项工作的执行标准及相关硬性的说明材料等，同样我在这家公司中也感受不到个性的文化氛围、员工的向心力和归属感，看不到办公区环境方面的任何布置与精神的彰显，等等。于是，针对以上问题我找到了总裁席总："请问，目前贵公司有自己的文化建设或宣传部门吗?"

"呃，这个目前尚没有设立。"席总略加思索后回答。

"那公司现在有自己的企业文化手册或企业文化的相关理念吗?员工知晓并认同吗?"

"我承认，目前这方面的工作还处于空白状态，因为我觉的相对文化、理念的东西都是表面的，现在最重要的是公司业务的开拓和推进。"席总一副着急的样子。

"席总，您这样想就恰恰错了，企业文化的确立不仅能够促进公司的发展，最重要的是能够激发员工的向心力，统一核心思想及前进方向，到那时候，员工的执行力也就自然而然的得到了提升。"我驳回了席总的观点。

席总思索了片刻，便肯定地点了点头说："好，您说的有道理，那就麻烦您针对我公司的实际情况，就企业文化的建设和宣传工作给予一些建议和支持吧!"

那么如何建设企业文化？如何利用文化统一公司的核心思想呢？

1. 企业文化的建设第一层是表层即物质层面的建设

很多企业总裁都已经认识到了文化在公司发展过程中的积极作用和重要地位，于是便大张旗鼓的招聘人才予以策划筹建，在策划出一套文化理念之后便开始在全公司范围内进行灌输和培训，强制要求员工接受并执行。但是结果却往往事倍功半，甚至会引起员工的抵触和厌恶，原因何在？文化的建设不能依靠闭门造车，作为公司总裁，作为文化的主要建设者和推行者，要在了解公司各方面情况的基础之上，深入到员工中去，从公司的个性特点、实际情况以及员工的思想观念中去总结、去提炼，从而得出一套符合公司整体文化倾向并能最大限度获得员工认同的理念精华，这一点非常重要，因为如果文化无法获得员工的高度认同，便谈不上渗透宣传以及发挥正面积极的作用了。

2. 企业文化的建设第二层是浅层即行为层面的建设

3. 企业文化的建设第三层是中层即制度层面的建设

4. 企业文化的建设第四层是核心层即精神层面的建设

企业文化落地方略——“五化三宝”。

第一步：构化于根——力克“水土不服”；

第二步：内化于心——理念传播有实招；

第三步：固化于制——机制确保倍功效；

第四步：外化于行——自我经营责任清；

第五步：显化于物——氛围营造目视明；

第一宝：身先士卒——领导带头群体动；

第二宝：寓教于乐——活动组织聚人心；

第三宝：网络建设——体系健全到基层。

文化的核心是统一思想的关键，而灵魂的工程师恰恰是企业的最高执行官——总裁。作为一种无形的力量，文化的作用不仅能够起到内在士气激励与外在形象树立的积极作用，最重要的是，文化能够在潜移默化之中将组织中的成员引领到同一个思想和目标之下，使每个人心往一处想，劲往一处使，最终达成目标。作为总裁，不仅要做文化的建设者、输出者和受益者，更要凭借自上而下的影响和力量，将文化统一核心思想的作用贯彻得切切实实、完完全全。

三维智慧风暴实战策略

梳理：晨会、餐会、夕会

经过上一次与KP公司总裁席总的沟通和交流，对于该公司企业文化的方向建立与理念提炼等相关事宜，在充分了解该公司具体情况的基础之上，我最终给出了如下建议：

- 在全公司范围内号召所有员工关注、支持并亲身参与到企业文化的实际建设与宣传引导工作中，首先尽快着手组建企业文化宣传部，其企宣人员将在公司内部的选拔推举或外部招聘的形式中产生，并与相关的外部合作单位组建企业文化执行小组；

- 搜集整理各类优秀的企业文化案例，对KP公司的企业发展、团队建设、行业态势、竞争优势等各方面现状进行深入细致的分析与总结，从而得出该公司企业文化建设的实际方向；
- 运用以上分析调研的结果艺术性、科学性的提炼出各项企业文化理念，例如企业精神、发展观、人才观、经营理念、发展理念以及企业愿景等；
- 根据提炼出的各项企业文化理念和企业的实际发展需要，设立公司的各项行为规范，例如员工行为规范、客户洽谈规范以及服务标准规范等。

当一套完整可行的企业文化理念和规范正式出炉以后，不是束之高阁，而是要使其充分发挥其应有的作用，即一定要采取各种有效的方式方法进行广泛的传播和宣传。经过我与席总一段时间的沟通，以及对该公司企业文化宣传工作的跟进，企业的工作氛围和员工状态已经有了明显的改观和变化，席总结合公司发展的具体情况深入采纳了我的建议。

目前公司已经将企业文化的建设与日常倡导等相关工作放到了重要的日程上，并正通过各种积极有效的方式方法对员工进行文化的倡导和渗透，例如通过日常的培训、环境的影响、日常的早会、晚会，甚至餐会等，都成为了公司文化宣传的良好阵地。相信不久的将来，企业文化将会成为助推公司走向成功的最重要的砝码之一。

因此，在文化的内容和方向明确之后，想要获得一个良好的结果与收获，作为企业总裁，最重要的就是带领员工进行坚持不懈的日常宣传和点滴渗透。那么在企业文化建立的初期，作为企业应当采取什么方法和形式进行文化的梳理呢？

良好的企业文化不仅需要建设更需要宣传。虽然文化的提炼来自于企业整体个性的工作氛围与团队员工的价值取向，但是如果希望企业文化的积极效用能够进一步反作用于员工，即发挥其更大范围的激励导向作用，从而促进各项工作的有利开展和推进，就要在宣传和渗透方面多下工夫、多做文章。

1. 文化的梳理可以充分利用晨会时间，清醒熟悉

在企业文化确定和形成的初期，为了更好的加深员工对企业文化的了解与认知，以便使企业文化能够尽快发挥其积极正面的影响和引导作用，企业总裁应当号召企宣部门的工作人员，利用各种适宜的时间和机会开展企业文化的宣导工作，其中，晨会便是一个很好的宣传突破口和学习中转站。

晨会一般是指企业利用正式上班前的 10 ~ 20 分钟，甚至更短的时间，将全体员工集合在一起，进行相互问候、信息交流、工作安排以及士气激励的一种管理方式。清晨是一天的崭新开始，员工经过了一夜的休息与调整，无论是心情、精神还是整个的身心状态都会处于一个最充沛的时段，所以很多公司的总裁一般都会利用难得的晨会时间进行各项重点工作的安排、贯彻与梳理。在员工最为清醒的状态下进行文化理念的梳理与宣讲也同样是一个不错的选择，各位员工会对理念有一个更为清醒的认识和感知，便于后期的深入渗透与牢固于心。

2. 文化的梳理可以充分利用餐会时间，轻松牢记

虽然企业文化的确定与宣导工作对于当前时期的企业发展起着非常重要的不言而喻的作用，但是如果利用大段的工作时间进行文化的宣导和贯彻，势必会产生诸多适得其反的结果。首先利用大段时间可能会在无形之中增加很多员工的逆反心理，让部分员工觉的在自己还没有真正认识到企业文化的作用和效果的时候，公司便大张旗鼓的进行宣传，不仅耽误自己手头的工作，而且还看不到实际的效果；其次会对员工造成一定的心理压力，即总裁既然这般重视企业文化，一定有什么特别的原因和期望，但我能够做到吗？我可以让总裁满意吗？让很多员工心生疑问、坐立不安。所以这个时候，轻松的餐会便是一个很好的选择，这里的餐会可以是公司或部门举办的定期员工聚餐和团队建设，抑或是公司食堂的免费午餐，公司总裁或企宣人员可以在轻松愉悦的就餐过程中，向各位员工点滴贯彻与渗透公司的文化理念和其他相关的企业文化，从而使各位员工在轻松的就餐过程中自然而然地跟随了领导的思路和想法，将各项企业理念轻轻松松牢记在心。

3. 文化的梳理可以充分利用夕会时间，加强巩固

夕会的含义正好与晨会相反，指的是企业利用每天下班前的一段时间，将全体员工召集在一起，进行当日工作的总结与分析、问题的修补、错误的更正以及对第二天或下一阶段工作的安排与部署等。企业文化的贯彻和梳理除了利用晨会和餐会之外，夕会也是一个很好的机会和窗口。经过每天晨会与日常餐会的点滴渗透和内容贯彻，相信很多员工已经对企业文化的理念和文化的真谛有了一个深入的认知与了解，如果能够将夕会也列入其中，必定会产生事半功倍的良好效果，从而对企业文化的掌握起到一层加强巩固的作用。

深植：冻化、优化、固化

随着企业文化在企业发展当中的主体地位日渐突出，最能彰显企业管理本质与发展特征的企业文化的深植工作也日益盛行并逐渐成为各个企业领导者关注和思考的重点。要加强企业文化的深植，首先就要再进一步了解和领会企业文化的真正含义以及对企业发展的作用和影响。企业文化是指企业在长期的生产经营活动中所缓慢积累的并被大多数组织成员所推行和认可的一系列价值理念的总和，主要包括企业愿景、企业发展目标、企业精神、团队个性、团队文化、价值观、人才观、经营理念、发展理念、管理理念以及服务观等，这些理念是企业在长期发展过程中经过多方面的培育、发展以及融合而来的，是企业发展和进步的灵魂，也是引领企业走向更广阔的发展之路的明灯和航标。健康、良好且具有积极意义的企业文化不仅能够提高工作效率、较少费用支出，增加产品价值，提高其含金量，从而全面增强企业的核心竞争力，最重要的是能够在企业内部最大限度地激励与鼓舞员工的工作士气，增强面对工作的信心和勇气，更好的发挥工作的主观能动性。对外能够树立企业的良好发展形象，增强企业的知名度与印象，提升企业在广大消费者心中的良好印象，总之能够将企业的良好形象不断的宣传出去，从而促进企业的全面发展。

任何事物的存在和发展都需要一个循序渐进的过程，同时在发展延伸的过程中也需要不断的适应外部环境的变化而进一步优化。企业文化也不例外，一套真正适用于企业发展与管理的文化理念和精髓是需要不断的进行改革和优化的，从而更好的适应企业的变化，同时在优化之后就要在一定时期内加以固化，以便于更加稳定的加以传播和宣传。另外一种情况就是有的企业总裁很有高谋远虑，在企业经营管理的过程中，便适时的建立了一整套适合企业个性发展需要的文化理论和精神理念，但是随着时间的推移以及公司其他工作的推进发展，加上之前并没有设立一个专门的企业文化的建设宣传部门，造成企业理念建设与推广工作的停滞不前，以往的成绩也被束之高阁，逐渐被时间所冲刷和淡忘，所以应立即将理念文化进行解冻，之后成立相关部门，根据目前的企业实际需要和变化将理念文化进行适当的更新与优化，最后再加以固化，便一定会重新点燃理念的积极影响和实际效用之火。

由于工作培训的关系，我在几年前认识了一位运动品牌经销行业的企业总裁孙总，且关系甚笃。在一次企业发展与战略规划的区域工作讨论会上，组织方用了将近两节会议的时间向大家宣讲了企业文化战略的实施及其重要性的问题，同时还对一些优秀企业的文化理念进行了详细的分析与充分的阐述，使在场的总裁们受益匪浅，且犹如醍醐灌顶般的认识到了企业文化对于当前市场经济大潮中企业发展的重要影响和作用。

作为一家拥有多年运作经验的品牌经销企业，孙总在企业发展的上升阶段也曾和团队制订过一套完整的企业文化理念，在具体实施的过程中也确实产生了一定的效用和影响。但是，随着后来各项管理工作的日益推进，文化的建设工作似乎被逐渐淡忘甚至停滞不前了，目前公司在日常管理与团队建设等相关方面的工作也逐渐暴露出了一些问题，而想要解决这一切问题的基础便是要先从员工的思想与认识也就是公司的文化理念等基础做起。

其实，如果该企业的领导能够更早一些的时候认识到文化在企业发展与建设过程中能够发挥的重要而积极的作用，相信企业的发展之路就会走的更加顺利与稳健。

换言之，如果能够尽快解冻原有的企业文化，并根据当前的实际发展情况给予合理的优化，最后加以固化，那么被重新给予重视和启用的企业文化，将会不断发挥它应有的正面作用，坚持下去，企业将会更好的从中获得益处和力量。

1. 文化的深植需要尽快给予解冻

如何使优秀的企业文化和理念精神更好的植根于企业、植根于员工、植根于企业整体的大环境和大氛围，作为企业的总裁，首先要做的就是对已有的文化加以解冻，即要获得解冻的文化。文化只有获得解冻与新生，才有可能发挥其应有的作用。

2. 解冻之后需要进一步加以优化

如果仅仅是将原有的文化在解冻之后不加提炼和更新的直接利用，恐怕也无法达到预期的效果，因为万事万物都处于时时刻刻的变化之中，这个世界上没有一成不变的事情，文化也不例外，只是文化的变化本身是基于企业的发展和革新而已。不同的时期、不同的阶段、不同的发展状况使企业所需要的文化也是随之变化的，所以如果希望文化与企业的实际发展相匹配、相吻合，就要对文化加以调整和改变、优化和更新，去其糟粕、取其精华，从而使文化最大限度的促进企业的发展和壮大。

3. 优化的结果就是要不断的固化

企业文化在经历了解冻与优化的过程和阶段之后，最后一步也是最重要的一个阶段就是要做好文化的固化工作。所谓的固化就是将经过梳理与优化的企业文化在企业中、在员工中，运用各种方法和手段最大范围和深度的加以宣传、宣导、培训与讲解，使其文化的精神、传播的内容以及理念的含义在员工心中深深的扎根，并得以消化、吸收、领会以及最终的牢固于心。

提升：讲心得、讲案例、讲故事

企业文化的建设与宣传在经历了最初的梳理、进一步的深植以后，关键的一步还在于效果的提升，即将抽象的企业文化转化为生动有形的案例和故事，并将其推广扩散到员工当中，从而进一步提升企业文化在企业和员工中的影响和作用。提升的环节是企业文化在梳理和深植之后的最后一个环节，也是最为重要的一个环节，如果没有最后提升环节的升华与优化作用，可以毫不夸张地说，之前所作的全部工作与铺垫就可能前功尽弃，因为企业中所培养与建立的文化，本来就是极其抽象的，如果建设和运用好的话，会为企业带来巨大的正面作用和积极效果，但是如果没有进行很好的稳固和提升的话，很容易被企业和员工遗忘，再进行启动和宣传，就会较为艰难了，所以这个过程一定要引起企业总裁们的高度重视。

之前提到的某运动品牌经销行业的企业总裁孙总，在经过与我的一番有关企业文化工作的深入讨论之后，便积极的将自己企业原有的企业文化进行了重新的解冻，梳理与优化，重新在企业员工当中将企业文化的建设与宣传工作放到了公司管理的重要位置上，同时结合了本企业各方面发展的实际情况与现实问题，对企业文化的个别方面和内容进行了因地制宜的调整。

再次见到孙总的时候，他抑制不住心中的喜悦之情向我讲述了他公司文化建设与宣传工作中所收获的效果与经验："首先我真的要非常感谢您能够在企业软实力建设方面对我的启发和引导，说实话，在这之前我虽然对企业文化有一定的了解和认识，但总是没有摆正位置和态度，我以前始终认为文化的东西哪有实干来的扎实和痛快，努力提升员工的业务技能、加强员工执行力的培训和督促，加强企业的硬性发展与扩张以及价钱市场份额的扩大等，才是我认为应该重视的，可我偏偏忽略了人是有感情的动物，不是机器，也不是神，每个人都是独立的个体，都有自己的意识想法和价值观念，就像人活着要有一股子精气神，要有一个梦想的指引与精神的鼓舞一样，总之还是要非常感谢您。"

听了孙总的话，我也会心地笑了，说实话，自己作为一名培训师，能够将自己的培训内容与培训思想转化为企业的一种实实在在的动力并产生了很好很强大的效果与价值，我的心里是非常开心和满足的。我又向孙总问道："那么现在贵公司在企业文化的宣导方面具体是如何开展的呢？效果如何？"

"目前我们将各种经过讨论与提炼过的公司各种企业文化理念

的口号与标语张贴到了公司的各个角落，在日常的员工培训中也都加以解释，员工还好都已基本认识到了文化的作用与益处，但是效果嘛，好像还不是特别明显，不过刚开始应该都是这样吧，再说事物都需要有一个循序渐进的发展的过程。”

“的确，对于文化的提升最好还是通过便于员工接受和喜欢的方式，如果只是抽象的进行灌输与解释，就算大家意识上已接受，但其实还没有真正渗入骨子里，而提升的最好方式便是在员工之间经常性的讲心得、讲案例和讲故事。”

所有人都一样，面对再有意义和价值的东西，如果贯彻与执行的方式方法是强制性的记忆和灌输，估计谁也不愿意、也难以接受，所以对企业文化而言，再多的理论与空洞的口号都不如化为形象生动、波折起伏的案例故事，或者是采用讨论的方式让员工之间彼此进行心得的沟通与交流。这就像让孩子吃药，我们都知道药的作用，吃了药就意味着孩子将恢复健康，但是苦涩难咽的药物孩子怎么会愿意吃呢？所以我们会看到药品的生产厂家常常会在药物的外面包上糖衣，或是做成孩子喜欢的彩色糖丸，这样孩子就很容易吃药了。所以企业文化在经过了一系列建设与宣传之后，一定要进一步的提升，提升的最好方法便是讲心得、讲案例和讲故事。

1. 文化的提升应当经常交流心得体会

心得体会是员工在接受并消化企业文化各项内容之中或之后所产生的一种认识与想法，作为企业总裁应当经常性的召开内部员工讨论会，号召大家将彼此对企业文化的认识和想法进行开诚布公的交流与沟通，并谈谈自己的体会，经过讨论从中了解员工的真实想法与现阶段的实际需要。

2. 文化的提升应当常常讲讲企业案例

生动的企业案例是具体而形象化的有效材料，企业总裁应当在工作中多多的加以收集和整理，经过自己头脑的梳理与过滤之后，放到员工中间进行学习，从而使员工主动在其中受到文化的熏陶与启发。例如我国著名企业海尔集团的总裁张瑞敏先生就在自己的企业内部建立了一套非常著名且行之有效的企业文化理论，他将中国传统文化的精髓与西方现代管理思想融会贯通、兼收并蓄、创新发展且自成一家地创造了富有中国企业特色且充满感召力与竞争力的海尔文化，正由于他所创建的海尔文化使三万海尔人在工作中迸发了极大的工作热情与活力，也造就了海尔集团的发展传奇。

3. 文化的提升应当经常讨论经典故事

故事可以是在企业员工之间真实发生的，也可以是中外大企业的经典故事，还可以是短小精悍的寄予深刻含义与哲理性的关于企业文化方面的故事，作为总裁，一定要多多的支持与启发员工的这方面要求与工作。

总裁密码

第6章

四段总裁：做机制，打造企业一流执行铁军

四段韬略分析

俗话说：铁打的营盘，流水的兵，机制的建立对于企业的发展至关重要。作为企业总裁，要努力建立适合公司发展的各项机制与制度，即建立流程、规则、要求和制度，体现公司的价值导向，低标准、严要求，学会用机制管理组织成员的行为，建立不依赖于任何能人的运作体系。从而让员工在机制中去行动，让公司在制度中去运行，法制永远高于人治，公司的做强做大，很大一部分就在于其制度化实施的程度，学会并善于用机制管理和驾驭自己的企业，努力打造企业一流的执行铁军。

娃哈哈集团总裁宗庆后在企业的日常管理和运营过程中，十分重视企业各项发展机制的建设与运用工作。无论是人才机制、奖励机制、监督机制还是培训机制等，宗总都力求在建立以后得到企业员工最大限度的贯彻与实施，从而打造出一支强执行的员工团队，也正是得益于各项有效管理机制的建立与实施，娃哈哈集团的整体实力得到了突飞猛进的发展和壮大。2003 年 5 月“非典”疫情结束后，宗庆后抢在其他竞争对手之前将大批饮料送到零售终端，使娃哈哈集团的整体销售实现了 16% 的年增长，全年销售额近百亿元。2003 年，公司营业收入突破 100 亿元大关，成为全球第五大饮料生产企业，仅次于可口可乐、百事可乐、吉百利、柯特这4家跨国公司。2007年，娃哈哈营业额超250亿元。

娃哈哈集团总裁宗庆后正是抓住了机制建设所带来的良好效果与企业利益，让各种机制制度的建设在全公司开了花、生了根，同时受到机制激励与作用之下的企业员工更是拧紧了一股绳，将团队成员的所有力量都凝聚在了一起，从而发挥出了难以想象的强大力量，并有效的作用于企业的发展上，为企业带来了巨大的经济效益和产业力量。

用机制管理人的行为

作为独立的活动个体，作为非神非仙非机器的有感情的高级动物，人在工作中的行为不见得全部都会按照领导的指示与要求做到全面的贯彻与执行，造成的结果往往就是每名员工都会在工作中不分事宜的表现出各自的个性特点以及处理问题的不同方式等，行动的千差万别以及方向的不相一致让企业整体目标达成变得遥遥无期，所以没有章法和制度的企业不会是一个真正意义上的企业。一个真正的企业应当在企业内部针对各种行为和要求建立起一套完整全面的管理机制，从而对员工的日常工作要求和行为方式做出适当的管理与约束，便于总裁对企业的管理并帮助企业尽早达成发展的目标。

WG公司的创立与发展恰巧都赶上了国家经济政策的缓和与帮扶阶段，加之该公司壮大时期所在省市提供了一些发展优惠政策与公司全体员工的努力拼搏，使其在各方面都得到了迅猛的发展，其势头的强劲大大超过了当地同行业的发展速度与规模。前段时间，该公司的总裁陈天正找到我说："我们公司由于发展实力和规模的逐步壮大，已经连续几年在市优的评比中获得了领导的好评，这一次我们获得了一次参加省级优秀单位的评比资格，这可是个难得的好机会啊，如果能够顺利的评比上省级优秀企业，公司将在未来的发展之路上，获得省级领导和对口单位等方面的重点关注与大力扶持，同时在资金投入与产品市场开拓等方面也都将获得更多的机会，所以请您协助我们进行资料上报与评比方面的相关准备工作，因为省级优秀单位的评比工作较市级会更严格，资料的准备方面也更加细致，这方面您经验丰富，请一定帮忙啊！"

听过陈总的话，我便向其要取了省级优秀单位评比资料上报的相关说明与要求，例如企业的各项证件资质、公司的年度工作总结与未来五年的发展规划、公司的人员情况、业务涉及范围以及财务收支状况等都在要求之内，且以上资料陈总的公司都已准备的较为完备，且较为符合省优评比的要求。但当我向其要取机制管理的相关制度内容的时候，陈总先是犹豫了一下。随后向我提供了一些零散的规则规范以及相关部门工作制度等内容，但很显然，这不是我需要的，换句话说这不是省优评比委员会所要求的，于是我问陈总："请问贵公司在机制管理方面是如何计划和实施的？""这个，我们主要建立了一些必要的工作制度。""都有什么呢？您可否和我说一下。""例如人员的岗位职责、日常工作行为规范、计算机使用要求等。""抱歉，陈总，您说的这些只是零散的存在于公司各部门的规则、制度和一些要求，我所说的机制是指的公司整体的各方面规章制度的一个总和，或者说是一个体系，是影响并引领公司走向规范和严谨管理的必要方法和手段。”听过我的话，陈总恍然大悟地说：“您说的没错，目前公司现存和正在使用的一些制度和规范等，都不成体系，员工执行起来很是困难和被动，对员工行为方面的影响也不够深入，还请您在这方面多多指导。”

1. 机制管理有利于约束员工的行为

机制管理有助于约束员工的行为，主要发挥作用的便是机制管理中的监督管理机制。企业中的每一名员工以及团队中的每一名成员，都存在自已独立的个性素质和脾气秉性，这些素质秉性在日常工作中很容易受到外部环境及工作内容的影响，而出现各种各样的变化，正面的变化当然可以促进工作的开展，但如果是负面的变化，将直接影响工作的进行。所以良好监督机制的建立便会对员工的行为进行一定的约束和控制，从而使员工的行为不断表现出有利于工作的一面。

2. 机制管理有助于员工责任的分配

机制管理有助于员工工作内容与具体责任的分配，主要发挥作用的便是机制管理中的分工机制。良好分工机制的建立与实施不仅利于人员的合理招聘与分工，更重要的是能够充分挖掘与发挥每名员工的内在潜力与工作能力。

3. 机制管理有助于权力的分配运行

机制管理有助于决策和权力的分配与运行，主要发挥作用的便是机制管理中的决策机制。决策机制主要涉及的是权力的分配机制以及权力的运行机制两大方面，一个各方面发展完善与健全的企业，其在权力的分配与运行方面是较为灵活的，适当的集权与放权直接影响权力的执行效率以及决策的效率。决策效率高，权力的运行机制就会表现的较为灵活；决策效率低，权力运行的机制就会较为迟缓和钝化。

有激励才有人去执行

在日常工作中，很多企业的总裁都头疼于公司高管与部门经理，在部门工作的整体完成效率以及工作的执行方面存在这样那样的问题和毛病，多数员工工作执行力较差，无法按时按量且高效率的完成领导安排的各项工作，工作的完成标准参差不齐，缺乏统一标准和工作目标，或者是员工在工作中表现出的观点和态度与工作要求背道而驰，诸如此类问题都容易使企业总裁陷入深深的思考与担忧之中，渴望找到问题的症结与解决的方法，从而扭转目前出现的一些不理想的现状。

在职场中，我们常常会听到这样一种说法：员工做的不好，不是自己的问题，也不是上司的问题，而是老板和公司的问题，不是员工没学好，而是师傅没教好。同样的道理，员工在工作中出现这样那样的问题和毛病，工作的整体完成情况不理想等，其实往往是由于公司并不曾针对某一方面的工作提出明确的要求与标准，即没有完善的制度与企业机制，何来执行？有机制，才会有员工执行，才有产生统一的标准，进而推动公司真正的发展和不断的前行。

前段时间与PO公司的王总去打球，在中途休息的时候，王总和我聊起了目前公司的一些有关发展和员工的工作情况。

“最近公司在管理和发展方面好像出现了点问题，员工在工作的执行力方面并没有我想象的那么高效和及时，很多工作在具体和细节方面也似乎没有达到我个人和公司整体发展的要求，这让我有些头疼，却苦于找不到问题出现的真正原因。”

“那您针对这些情况和问题，都采取了哪些方法和行动呢?”我向王总问道。

“采取的方法倒是不少，包括不断的召开各种工作会议，无论是周工作例会、月工作例会还是专项会议，召开的频率都比以前要高出许多；同时找员工沟通和谈心，了解员工是否在工作和生活中出现了什么状况或是碰到了哪些难题，或者公司觉的员工最近一段时间是不是压力比较大，造成了心态的变化，于是我们又聘请了外部讲师进行相关心理及执行力方面的培训，组织各种各样的员工活动等，但效果均不明显。”

“王总，我想冒昧的问您一个问题，也许这个问题就是症结的所在，也许会触犯您的管理。不管怎样，我只是帮您分析，就事论事请您见谅。”

“没问题，请讲。”

“您的公司有建立一套完成的涵盖各方面工作的一整套管理机制吗?”

“这个，应该是没有。”

“我认为问题就出在这里，您因为没有建立一套完整的管理机制，造成员工没有找到执行的标准，工作的完成情况也就很自然的不尽如人意了。”

在日常工作中，虽然每名员工对工作都有自己的思考和想法，也都希望并奔着好的工作结果去努力和拼搏，但是为了保证团队前进的方向和步伐符合公司整体的发展要求，作为企业总裁，必须制订出一套完成的涵盖各方面工作内容和标准要求的管理机制，让员工找到参考、看到要求，才会统一的奔着这个方向去努力和前进。

1. 有机制，才有人去执行

机制在实施和运用的过程中，一定要有专门人员负责监督管理并且确保机制面前人人平等。监督与管理是确保机制顺利与有效实施的关键步骤和重要措施，因为人不是机器，不是输入某项程序以后就会按照明确的标准一如既往的坚持实施并完成下去，人也有懈怠和懒惰的时候，也有自己的想法和主观意识占上风的时候，因此必要的监督与督促能够有效保证机制的实施。同时制度面前人人平等，这是非常简单和通俗的道理，没有任何人可以凌驾于制度之上，但要做到这点也绝非易事。众所周知，制度所起的作用是规范人的行为并且迫使员工按照一定的要求去完成工作，约束是一方面，另一方面还要看员工自己是否能够主动遵守制度，特别是制度的制订者与审计者，更要成为制订实施的典范，为其他员工起到表率的作用，否则如果在制度面前享有特权，便会严重阻碍制度效力的发挥，因为必须要保证制度面前人人平等，员工才能更好的执行各项制度。

2. 有机制，才能统一工作的标准和要求

有了机制，才能更好地明确各项工作的达成要求和开展标准，俗话说的好：没有规矩，不成方圆。社会秩序的建立与维护靠的是法律的准则与道德的约束，企业内部秩序的建立与各项工作的有效开展和完成靠的就是机制与制度，作为企业的基础性也是非常重要的一项工作，机制的建立就是对企业内部各项规章制度的起草、颁布与实施，有了各项工作的统一标准和要求，才能保证各项工作的顺利开展与完成。机制的建设是企业的一项长期而艰巨的工作，需要随着企业的变化和发展不断的加以完善与修订，从而有效减低企业风险，减少成本投入，增加企业效益。

3. 有机制，才能推动公司整体工作的发展和前行

企业有了机制，才能有效推动公司的整体发展与前行。机制管理与制度建设是企业规范化进程的重要实施手段与有效保障，机制建设的目的就是要使企业内部做到“有章可依，执章必严，违章必究”，也就是说企业有了机制，才会有人去遵守和执行，如果执行的不到位，就会加以处罚，所以机制就好比企业内部的法律，有了它的约束就会更好地推动各项工作的开展，从而有效推动公司整体工作的发展和前行。

制前：目标明确

对于一艘前行中的船来说，如果没有明确的目的地的指引，也就是说如果没有明确的航向，那么任何方向的风都是逆风，都会阻碍船的正常前行。企业的管理也是相同的道理，做任何事情之前都要首先明确目标，到底为什么要做，做了以后会带来什么效果或利润，等等。只有明确了目标，才能将事情做好，对于企业总裁来说，正确的做工作固然重要，但是做任何工作和决断之前都要先明确目标，因为牵一发而动全身的道理我们都明白，所以必须明确目标，不仅仅是为了自己，更是为了企业的员工。

机制管理是企业规范化道路中的重要一步，走好这一步对于企业的持续壮大与赢利具有举足轻重的作用，而制度的制订与实施则是对机制的最好体现。企业制度的建设一定要将目标明确放到重要的位置之上，目标明确也是制度建设的基本前提之一。企业的制度建设工作需要明确的目标主要包括此项制度与流程建立的原因与需求调查，建立的标准和适用范围是怎样的，需要采用何种方法去建立与完善企业的相关制度，制度的实施需要怎样的程度与要求等。

前段时间在一次本市企业联盟的工作讨论会中，碰巧遇到了WB公司的总裁汪总，老朋友见面分外激动与开心，自从上次为该企业做完人才管理方面的培训授课以后，由于个人事务的处理加之工作的繁忙，就几乎没怎么与汪总有过联系与接触。见面寒暄之后，汪总说："见到您很高兴，但是见到您还是免不了要请教您一些问题。"

"谈不上请教，您请讲。"我对汪总说道。

"随着企业规模的不断扩大以及各方面发展的不断深入，目前我公司原有的一些管理与运作方面的制度、流程、章程与准则等机制管理方面的实际内容，已经有些跟不上企业的发展速度了，也就是说这些制度目前已经不太适合企业的发展了，无论是从公司发展的要求出发还是从员工履行与参照的角度出发，这些流程都亟待进行更新与修改，想请教您是否可以给提点建议和用于参考的意见呢?”

发展中的企业犹如在海洋中急速行驶的大船，刚刚下水的时候各项零件都是崭新的，但是随着航行时间、距离的增多以及经历过各种各样的险情之后，船体的诸多零件和装备都需要进行必要的更换或升级更新，以适应更加变幻莫测的环境和可能遭遇的种种危险。WB 公司这几年的整体发展总体来讲还是蒸蒸日上的，也充分得到了市场的检验与消费者的认可，但是汪总的想法也并不是杞人忧天，而是非常正确的未雨绸缪。因为从内部管理来说，该公司机制制度的确需要跟着时代的变化而变化。

对于制度建设的相关工作，第一步也是最重要的一步即为明确制订目标，只有明确了目标，才能更好的在员工当中有的放矢地加以实施和贯彻，最终在员工当中起到重要的影响，有效发挥制度的作用，从而推动企业的发展。

1. 制度建立之前，要充分考虑制订的原因

任何一项制度的建立都首先存在一个建立的动因即某种需求，为什么要建立这项制度是每一位制度建立者，也就是企业领导者所需要考虑的问题。制度的需求与建立意味着企业规模的扩大与发展的迫切需求，制度建立的原因正是很好地迎合了这种发展的需要。例如某公司随着规模的扩大、人员的增加，培训工作亟待需要更多的培训人员加入与扩充，所以公司预计成立一个编外培训师队伍，即培训兼职人员，为了加强对编外培训人员的有效管理，发挥其最大的培训作用与效果，公司为此建立了企业编外培训师管理办法与工作章程，那么这就是此项制度建立的原因。

2. 制度建立之前，应充分考虑适用的范围

同时，在制度建立之前还要充分考虑与明确使用的范围，以便员工可以对号入座，更好的履行工作的职责。例如 A 制度适用于公司所有员工，B 制度适用于公司所有主管级员工，C 制度适用于公司所有经理级员工，D 制度适用于公司所有总监级员工等。不同的制度内容适用的范围不同，所起的效果和带来的作用也是不同的。

3. 制度建立之前，要充分考虑执行的效果

考虑问题一定要面面俱到，在执行的过程中才会有备无患。每一项制度的制订都需要考虑到制订的目的原因，实施过程中的效果和可能出现的问题以及实施后所带来的变化等。对执行效果的思考与斟酌不仅有利于对制度的改进，同时也有利于对公司方针策略的调整。最后对执行效果的思考还要充分关注并参考员工的体验与想法，即员工是否真正接受此项制度，接受的程度如何，带来的效果怎样，员工有何意见和建议，对于制度的建设还需要做哪些改进和完善，等等。

制中：流程准确

制度是企业总裁出奇制胜的有力法宝和秘密武器，为什么这样说？因为良好的企业制度与准确的各项流程是企业赖以生存和发展的体制基础，是企业各个机构构成的绝对标准与准则；是企业全体成员的行动规范，是企业快速发展的活力源泉；更是企业有序化、规范化发展与运行的坚实框架和有力保证。

制度在制订梳理的过程中务必要保证流程的准确性与可行性，一个不具备可行性与准确性的制度规章是无法真正在企业当中予以实施的，更加无法获得预期的效果和目的。所以如果要保证制度流程的准确，首先就要确保制度的严密，即一个准确的制度在正式出台之前需要考虑到各种可能出现的情况与因素，要保证文句的流畅、措辞的严密，最终达到完美出台无懈可击。其次准确的制订就需要具备可行性与可操作性，即要针对企业的实际情况与发展实际，从而科学、完整的加以实施。再次要公平公正，毫无偏袒，对实行范围内的所有人都要进行有力约束。最后准确还表现在制度的时效性方面，避免出现骑虎难下的尴尬。

最近BK公司新成立了一个部门，叫做企业管理部，该部门的主要工作职责就是制订利于公司发展的有关各部门的相关制度与流程，在我的建议下，公司刘总决定要求企管部制订一套馈赠物品及关系人报备的制度。

该制度制订的依据就是随着企业规模与业务网络的逐步扩大，很多业务关系公司及关系人会赠送给该公司员工一些礼物或物品，为了公司的利益，对于这些物品要按照相关要求报备给公司。关系人是指该公司员工的配偶、亲戚、朋友等在本公司或同行业的竞企单位工作，则此种情况需要报备给公司。

在该制度制订的过程中，为了保证其得到有效的实施及准确性，刘总向我进行了多方面的咨询，为此我给出的建议是：此项制度要想保证有力实施与流程准确，就要考虑到公司的实际情况，比如公司的业务性质，一般赠送礼物的情况是否频率较高，赠送礼物之间的人员级别一般是怎样的，赠送的礼物一般都是什么且在什么价格之间，是否都有必要报备、报备的价格区间是怎样安排和划分的，等等。

对于关系人的报备，首先要了解目前公司存在的竞争企业有哪些，以便使制订人做到心中有数、考虑周全；其次是否对公司存在一定的竞争和危机，什么样的关系是必须报备的，如果发现没有及时报备的情况该如何处理、处罚的标准是怎样的等，都是确保流程准确需要考虑的方面。

那么为了确保制度流程的准确性，到底需要在哪些方面引起企业管理者的高度重视呢?

1. 流程的制订要以企业发展的事实情况为依据

企业总裁在管理企业的过程当中，所作出的任何决定、所建立的任何制度流程都必须基于企业的实际发展情况与发展需要，只有参照企业实际后所制订出的规章制度才有可实施和执行的价值，否则如同废纸；如果脱离企业发展的实际，只图书面上空泛的理论罗列和生搬硬套，或者只是一种假象的完整与科学，到头来无法真正的予以贯彻实施，反而成为了企业的负担与员工的笑柄，落得个“竹篮打水一场空”或“画虎不成反类犬”的结果。

2. 流程的制订要符合事物发展的客观规律

在马克思主义客观规律与主观能动性的关系理论中，客观规律是必须要摆在第一位置，主观能动性摆在第二位置上，客观规律始终制约着主观能动性的发展和变化，而主观能动性的变化也必须以尊重客观规律的发挥以及客观发展实际为基本前提，否则必将在实践的检验当中落得个失败的结果。世界上万事万物的发展和变化都存在一定的客观规律，且必须按照客观规律办事才能达到预期的效果和目的，流程的制订也同样要符合事物客观发展的规律。

3. 流程的制订要严密准确，利于操作与实施

流程的制订还有一点是必须要加以注意的，那就是制订过程的严密准确以及实施过程中的可操作性和可实施性。一个无法在实际工作中达到良好贯彻与实施的制度是不会起到任何效果的，也是无法存活和立足的。所以制度在制订的过程中一定要适当的征询员工的想法和意见，参考大多数人的建议，避免闭门造车、生搬硬套；或者在制订出某一小节内容之后，可以在小范围的员工当中进行前期的实验与论证，从而从实践中获得改进的方法和灵感，再不断的加以完善和补充，必将制订出合理且实施操作性强的企业制度。

制后：激励精确

制度成功制订之后，最后一步就是坚持不懈的予以实施和贯彻。制度建立的主要作用无非是规范员工行为、梳理整合公司标准、促进规范化流程制度化的发展，从而确保企业的各项日常工作有法可依、有章可循，而对员工整体的激励和影响作用则是制度实施的最终需求。

激励精准就是要有的放矢，让制度充分发挥它的强化效用并作用在员工身上，正中要害的击中员工的靶心，使员工在按照制度进行执行与改变以后，对于工作的某一方面的变化可以精准达到制度建立者的最终想法和要求，从而有效推动公司的制度化发展。

温州市某大型日化用品公司之前制订了一整套办公室员工的行为规范、卫生保持守则以及礼仪礼貌、工装要求及电脑等办公设备的使用制度等系列规章制度，为了使其制度得到有效的执行，在制度的制订筹划与具体制订的过程当中，企业总裁于总与制订部门的员工进行了充分的沟通、多方面的获取材料并加以认真细致的整理和完善，最终制度得以正式应用于公司的日常管理当中，实施了一段时间以后，效果非常好。

有一次，我受邀到这家公司去考察，经过员工办公室时，我发现，在员工的办公室卫生保持方面，员工了解了公司对于这方面的明确要求，于是便按照要求进行整理和保持。例如，办公桌上只可摆放电脑、书架以及水杯、计算器等物品，其他私人物品绝对不可以出现在办公桌上，同时桌椅和相关办公设备要经常擦拭，保持干净卫生，每周五下班前将进行检查，表现好的会给予全公司表扬，表现差的将进行全公司批评。正是有了这些明确的规定，才对许多员工产生了激励的作用，从而不断的要求与强化自我，效果也越来越好。

又例如在着装方面的要求，在上班时间哪些服装可以穿哪些服装不可以穿，标准是什么，遵守的要求是什么，如果触犯将会受到什么样的惩罚等都在制度中记录得非常清晰。有了标准员工们才做到了更好的参照与执行，现在公司在这方面确实是有了很多的变化，制度的实施如果都能精准到这样的效果，那公司的全面发展与持续赢利将会更早的到来，员工也将获得更大的发展和历练。

那么到底如何能够确保制度的有效实施？如何做到激励的精确化呢？

1. 激励精确，就是要对制度的实施进行充分的宣传与引导

制度制订完成并予以公布实施以后，对于企业领导者与制度制订者并不代表可以万事大吉、高枕无忧了，因为制度只有真正的予以实施和推行，并在实施中收获成效才是价值的最终体现，否则制度只能是变成纸上谈兵或毫无意义的企业摆设。

制度在推行实施的过程中，作为制度的推行者要在企业总裁与其他高管的支持与协助下，对制度进行全面系统的逐级宣导与贯彻，充分引导员工全面系统的对制度加以学习和领会。为了避免贯彻过程中可能产生的抽象和枯燥，学习的形式可以是丰富多样的，例如员工培训、拓展训练、互动参与、范例讲授以及形象故事等，最大限度的对员工的日常工作产生影响，使其渗透到员工工作的各个环节，达到牢记心间、灵活运用并遵照执行。同时制订者要在制度贯彻的整个过程中对员工的掌握程度给予充分的关注和引导，随时把握员工的掌握情况，定期进行考核以帮助员工巩固。

2. 激励精确，就是要对实施的对象进行跟踪的监督与检查

制度的制订、贯彻与考核是三个相辅相成、互相影响的环节，缺一不可。没有很好的跟进监督与考核流程是对企业、对员工的不负责任，所以为了保证制度的有效实施，各级领导需要制订严格统一且适合企业自身情况的监督检查机制，将检查的工作变为一种固定方式，而不是想起来了就去检查，或是领导问起了才去检查，那么连自己都不去重视的工作又怎么会要求员工做到呢？

3. 激励精确，就是要在制度实施的过程中做出调整与变化

要想达到激励精确的最终目的，就要将制订完成的各项制度放到实际工作中去检验、学习和运用，所谓“实践是检验真理的唯一标准”说的是同样的道理：制度要想获得良好的实施，必须放到实际的应用对象中去进行实际的运用。但是在实际应用过程中，总会出现这样那样的问题和矛盾，这是十分正常的，说明理论与实际的融合过程需要长期不断的摩擦与碰撞才会最终得出完美适用并得到员工充分认可的机制与制度。

当问题和矛盾出现以后，企业领导要根据员工的反馈意见，并参照制度中的具体内容进行反复的研究、比对和思考，充分参照与融合大家的意见与想法，对制度中的相关内容进行必要的调整与变化，以期更加适合实际的运用，从而不断完善、不断优化与不断发展。

五段总裁：做模式，从跟随者到创造者的蜕变

 五段韬略分析

企业发展的关键就是要建立有效模式，就是从总体上明确企业发展的整体方向和框架，从而指导企业的前进思路与价值方向，使其全体员工在各个领域内采取各项积极有效的行为和动作，按照模式的规划和方针全面系统的推进企业的各项工作，以便能够保证企业的良好运转、长远发展和利益收效，促进企业做强做大。

发展模式的好坏将直接影响企业的整体发展效果和实力。良好的适合企业赢利的发展模式能够为企业带来意想不到的提升力量，而反之将会极大的阻碍企业的正常发展，且这种不利的影响因素将渗透到企业的各个方面，包括业务、管理、人员、团队、财务等模块。所以企业总裁应当努力建立和发展一套适合公司业务发展、满足客户价值需求、体现员工价值并最终能够获得最大利润的管理和业务模式，以保证团队的持续成长与公司的持续赢利。

中国的企业在全球化经济发展的道路上，一边学习世界大企业的赢利型发展模式，一边结合我国社会主义国情以及自身企业发展的现实情况，普遍都创造出了适合本企业的一套经营发展模式，且取得了良好的实际运作效果。

出生于1957年，毕业于华南工学院无线电系的李东生，自

1996年任TCL集团董事长、总裁兼党委书记以来，成功运用科学的管理模式和发展策略，运用超前的观念、思维和行动，凭着对市场的高度敏感和准确良好的切入点，结合品牌推广战略和资本运营战略，成功创造了适合本企业发展的共享式模式，即将自己尚未立足市场的不知名的品牌与国际上的知名品牌相融合，带动国内品牌走出去。尤其是在2004年8月，TCL集团与法国汤姆逊合资组建的，由TCL控股的全球最大彩电企业TTL的开业运营，以及在2004年10月10日，与法国阿尔卡特公司共同组建的全球第七大手机运营商——TCL阿尔卡特移动电话有限公司的盛大启幕，均成功带动了TCL的出口生意及其品牌的提升。

企业模式的建立是企业发展和运行的根本要求，也是关键所在，没有模式的企业亟待建立模式，已有模式的企业需要想方设法将不是很好的调整到最好，才有利于企业的最终赢利和屹立不倒。

企业不赢利，模式有问题

看一个企业的整体发展水平、发展规模、各组成部分的协调配合程度以及赢利情况如何，最重要的就是看企业的模式是如何的。例如企业目前正在运用和推行中的发展模式是否真正符合企业的实际情况，是否符合企业的长期发展利益，是否与我国甚至世界的企业经济整体模式相呼应和协调，以及是否存在这样那样的问题且亟待企业总裁去改善等，诸如此类有关企业的赢利模式问题，是需要企业的所有建设者与领导者思考并实施确立的问题。

无论企业采用何种运营模式，其最终的目的无非是希望获得最大的价值产出和利润所得，所以当企业的整体效益水平出现下滑或停滞趋势的时候，作为企业的第一负责人——企业总裁务必对此引起高度重视，并对现有的模式情况进行深入细致的分析和探讨，以找到问题的症结所在，努力将企业的模式调整为持续赢利的模式。

秦培安是一家化妆品公司的总裁，在其化妆品领域的发展和打拼中，他与自己的管理团队逐渐积累出了属于自己的一套企业发展及运作模式，并已成功地运用在了企业各方各面的管理工作当中，目前已连续多年为企业创造了不错的价值和收益。

秦总的化妆品公司的发展模式是分两条路走的：

首先，将企业的化妆品整体销售与拓展业务与国际的大型化妆品企业进行结合，即与各大公司进行拓展合作，倡导共存共赢，共谋划与共发展。在化妆品的设计、包装、推广及其相关业务链的制订方面都普遍遵循国际化大牌趋势，因为国内的顾客不仅能够以国内化妆品的普遍价格购买到国际化质量和档次的产品，同时还能够紧跟时代的发展步伐，掌握国际流行趋势，紧跟国际潮流和脚步。

其次，公司内所有研发和代理的化妆品品牌都开展对外招商和经销商加盟的运作方式，不仅扩大了产品的运营范围，扩大了市场，提高了品牌和产品的知名度，最重要的是在利益的收效方面产生了完整的产业链。以上两条企业运作模式在一定时期内全面带动了公司的化妆品业务的开拓及其整体发展。

但是最近几年，该化妆品公司渐渐出现了发展停滞以及利益产出缓慢即利润减少的趋势，许多品牌的化妆品在市场上的销售情况不容乐观而且具有每况愈下的趋势。虽然公司的各个部门都紧急采取了各项措施，例如开展促销活动、广告投入以及名人代言等手段，均没有起到良好的收效。

于是秦总带领各部门的精英骨干人员对目前公司的整个经营状况和运作模式进行深入的分析和研究，最终找到了问题的症结所在。首先，公司在紧跟国际趋势的前提下，渐渐忽视了本土顾客的实际需要，例如中国顾客和外国顾客在皮肤特点、五官以及生活习惯等各方面都存在差异，因此对化妆品的需求渐渐产生了区别，国内许多顾客渐渐从追随国际潮流变为分析自己的实际特点，从而购买更加适合自己的化妆品。其次，由于高数量的经销商与加盟商的涌入，产品的后续跟进不及时，造成产品运作机制、产品质量等各方面要求与直营店存在越来越大的差距，品牌口碑受到挑战，人们对品牌的信任力下降。

1. 创造企业赢利模式，要符合企业自身的发展实际和现状

企业在发展运作的过程中，是否能够保持持续赢利的良好发展态势，很大一部分原因取决于企业的发展模式，即模式建立和运用的好坏程度将直接关系到企业的发展实力甚至生死存亡。那么企业应当建立一种什么样的模式才会保证企业的持续赢利呢？首先这种模式一定要从企业自身的实际发展特点和现状出发。就像每个人都有自己的个性和特点一样，企业也具有自己个性的发展特点和业务运作方式，因此模式的选择也不可随随便便，拿来主义和生搬硬套更是不可取，要想建立赢利模式，首要的出发点就是要从自身实际出发，分析企业的实际发展需要和思路，建立适合自己的运作模式。

2. 创造企业赢利模式，要随着变化的市场而及时调整模式

世界上的万事万物都是处在不断的变化和更新之中，一成不变的事物是根本不存在的。市场也是如此，尤其是在信息技术与市场经济高速发达的今天，市场的变化甚至可以用应接不暇来形容，所以作为企业总裁，要随时关注企业的运作模式是否符合当前的市场需要，是否应当进行局部的改变和调整；要随时保持关注和发现的态度，保持一定的创新和发展意识，对其他企业的运作模式有所了解，从而更好的建立本公司的模式。

3. 创造企业赢利模式，要紧跟客户、渠道、人脉及业务点

模式所涵盖的内容和板块是十分全面和丰富的，因为模式是企业发展的整体框架，框架的稳定和牢固程度直接关系到企业的安全和壮大。作为一套适合企业发展的持续赢利的模式，应当将着力点放置在市场、客户、渠道建设、人脉关系以及关键业务等几大方面，只有将这几个关键点做好、做大、做强，才能直接助推企业的进步和赢利。

创造价值、传递价值、获取价值

企业的整体发展模式在目前的市场经济当中一般被我们称之为商业模式，商业模式简单地说就是一种能够让企业快速赚钱或迅速赢利的方法，一个好的商业模式总是能够创造出比竞争对手更快的扩张速度与更高的运营效率，也就是说一个好的商业模式的创立可以在很大程度上确保企业的生存发展及利润价值，从而使企业迅速崛起并获得成功。所以说一个好的商业模式的选择在企业的发展和壮大过程中起着至关重要的推动与影响作用。企业若想获得长期性的赢利与大踏步的发展，就要在创建赢利模式上多做探究，多下工夫，创造出真正适合企业发展与赢利、真正适合行业需要以及适应市场需求的高效运营模式。

那么商业模式的实施是怎样的一个流程或是原理呢？

从某种定义上来说，商业模式就是企业创造价值、传递价值并获取价值的过程，也就是企业通过为顾客提供价值，顾客在接受企业所提供价值的同时获得了比较满意的结果，于是愿意为价值埋单，并主动将这种价值传递给身边更多的人，使企业最终获得了价值和利润的过程。

有一家效益相当好的大公司，决定进一步扩大经营规模，高薪招聘营销主管。广告一打出来，报名者云集。

众多应聘者接到的并不是什么繁复的面试，而是一道实践性的试题：把木梳卖给和尚。

绝大多数应聘者感到困惑不解，甚至愤怒：出家人剃度为僧，要木梳何用？岂不是神经错乱，拿人开涮？过了一会，应聘者接连拂袖而去，几乎散尽。最后只剩下三个应聘者：小伊、小石和小钱。

负责人对剩下的这三个应聘者交代："以10日为限，届时请各位将销售结果向我汇报。"

10日的期限转眼就到了，三位应聘者如期回到公司作汇报。

小伊的业绩是一把。接着小伊讲述了期间的辛苦以及受到众和尚的责骂和追打的委屈：幸好在下山途中遇上一个正在太阳下使劲挠头皮的小和尚，他顿时灵机一触递上木梳，小和尚用后满心欢喜，就买下了一把。

负责人问小石："那么你卖出多少?"小石答："10把。"

小石去的是一座名山古寺，由于山高风大，进香者的头发都被吹乱了。他找到寺院的主持说："蓬头垢面是对佛的不敬。应在每座庙的香案前放把木梳，供善男信女梳理头发。"主持采纳了他的建议，买下了10把梳子。

最后是小钱，他的答案是1000把，负责人大为惊奇，连忙问他整个过程。

原来小钱去了一个颇具盛名、香火极旺的深山宝刹，那里朝圣者如云，施主络绎不绝。他给主持提了个建议："凡来进香朝拜的人多有一颗虔诚之心，宝刹应有所回赠，以做纪念，保佑其平安吉祥，鼓励其多做善事。我有一批木梳，您的书法超群，可先刻上'积善梳'三个字，然后便可做赠品。"

小钱还给主持出主意：不妨搞一个首次赠送"积善梳"的仪式，隆重其事，让香客感受到一种尊重和善意。主持听了大喜，即时拍板买了小钱所有的梳子，并邀请他留下来帮忙组织赠送梳子的仪式。

至于谁是最后的胜出者，这个自然不言而喻。这个故事是真是假，也不甚重要。重要的是小钱的开放思维和迂回策略可以给我们带来启迪。它就是典型的创造价值、传递价值、获取价值的过程。

1. 好的发展模式，会为顾客不断创造价值

一个好的发展模式，就是要持续努力的为顾客创造价值。企业的利润最终要从哪里获得？答案就是顾客，只有顾客认可你的业务，接受了你的产品，你的企业才会真正实现自身的发展目的与发展价值。所以，企业要想建立起一套适合自身发展的良好的商业模式，就要在模式的建立过程中时刻考虑到顾客价值的实现与创造问题。

2. 好的发展模式，会使顾客愿意传递价值

当一位顾客愿意并主动为你的企业商品进行良好口碑的传递与宣传的时候，说明你的企业发展模式基本做到了以顾客需要为真正的出发点和切入点。所以，对于企业总裁来说，好的商业发展模式，会使顾客愿意传递价值，扩大企业产品的正面积极影响，从而扩大企业的知名度和影响力。

3. 好的发展模式，会使企业不断获取价值

好的发展模式，正因为始终致力于为顾客不断创造价值，并使顾客愿意传递这种价值，最终的结果当然是企业获得了巨大的利润与良好的口碑效应。所以一套真正适合于企业发展运作的商业模式，必须能够经得起顾客的检验与评判，只有通过了顾客这关，你的价值链才不会断裂，企业才能发展的更加稳健与精彩。

三维智慧风暴实战策略

市场：细分客户，满足价值需要

良好商业运作模式的确立对企业的发展至关重要，也是企业亟待建立和实施的，那就需要企业总裁尽快掌握商业模式设计的关键环节，即掌握其中最为重要的价值设计环节，从而打造企业成功的商业运作模式。做模式就要首先立足于市场，市场是带动企业发展、提供竞争机会，并能够将企业的成本投入价值最终转化为利润的转换场所与交易场所。

市场中除了各项竞争资源之外，最重要的消费群体就是客户了，如何更好的满足客户需要，如何使客户愿意支持并认可自己的产品，如何将客户的信赖转化为企业最终的利润，是每一位企业总裁需要长期思考并实践的问题。作为企业来说，一定要根据自身的实际特点对客户进行细节的分类，积极寻找真正适合自己企业的那部分客户，这一点相当重要，因为只有明确目标客户，才能有的放矢的进行产品的投入、宣传、市场运作以及市场销售，才能更准确的更有针对性和目的性的满足这部分客户的需求。例如目前如雨后春笋般迅速崛起的各大快捷酒店：如家、锦江之星、汉庭以及7天等正是在目前的市场竞争中找到了属于自己的那一部分目标客户。因为并不是所有出差或旅游的人都住得起五星级酒店，能够享受得起那份奢华与尊贵，很多人要的只是一份舒服、干净、方便和快捷，所以这些快捷酒店的出现正好填补了这一空档，专门为中低档和普通消费者提供住宿服务，从而打开了商机。

张天霖是一家大型房地产公司的总裁，在多年的房地产开发与销售拓展工作中，他紧跟市场变化，狠抓顾客需要，开发了许多有价值的楼盘并都取得了很好的销售业绩。

以前，张总公司开发的楼盘普遍都是高端产品，即高级校区房、商住房、高档写字楼以及高档别墅区等，锁定的目标客户也都是各类企业高级管理人员、高收入白领以及私企老板，还有一些是政府领导等，楼盘的销售情况始终保持良好势头，且受到了消费者的普遍认可和好评。近几年，随着房地产市场的动荡与不稳定，加上政府的保护政策，楼盘价格的浮动变化，让张总公司对高端楼盘的开发运作开始出现了变化，因为开发范围内的重要地块已经基本使用完毕，最近几年都不见得会有值得投入的高端地块和楼盘，如果持续下去，公司的发展市场将会受到严重影响，企业的经济效益也将受到停滞。但此次，一些相对偏远和非核心特点的地块却十分活跃，加上目前普遍80后即将走入婚姻的殿堂，很多毕业没几年的上班族也亟待购买属于自己的房产，因此中低端小户型的楼盘市场普遍获得了较好的收益。

于是，张总带领公司马上调转方向，将企业近段时期的目标客户定位在小户型上，于是楼盘的销售情况异常火暴，因为是小户型，各种人性化设计更加符合刚刚走入社会不久的非成功人士的需要，并且大企业的口碑已经深入人心，大企业开发的小楼盘当然更让人信服和放心，于是，在获得顾客良好口碑的同时，企业也赚了个盆满钵满。

企业要想在市场竞争中获得主动权，需要开发和找寻到属于自己企业的目标客户，只有将客户定位准确并牢牢抓紧，才能更有针对性地将产品投入到市场中去，才能赢得目标客户的支持，最终实现企业效益的最大化。

1. 细分客户，就是要找到真正适合企业的目标客户

细分客户就是要找到真正适合企业的目标客户，分析客户的实际需求。到底企业的目标客户发自内心的想要什么，他们真正的需求点在哪里，这是企业必须要知道的。

正如锦江之星等快捷酒店明确了解自己的目标客户就需要一个价格适宜、干净卫生且环境宜人的旅行居住环境，因此他们将酒店中不必要的烦琐的服务环节及房间的摆件装饰等都省掉了，为顾客打造舒适环境的同时大大降低了顾客居住的成本，满足了顾客的核心需求。

又如国酒茅台，它所适宜的客户就可细分为两类：一类是茅台的购买者，另外一类是茅台的使用者，他们两类人具有着明显的不同。购买者经常出于送礼，因此看重茅台所代表的社会价值，通过茅台高端的品牌地位与价值彰显购买者的诚意和美意；使用者经常是收到礼者，也往往是位高权重且有一定身份的人士，他们对茅台的使用更大一部分是对自己地位和身份的彰显。

因此，无论是购买者还是使用者，看重的都是茅台所代表的社会价值，因此茅台看准客户需求，不断抬高价格、控制容量，以打造茅台的稀缺性和高价值，不断塑造自己的奢侈品形象，从而满足目标客户的实际需求。

2. 做市场，就是要真正满足目标客户的价值需要

关注并开发市场的真正目的就是不断满足客户的价值需要，从而实现企业的利益增长与利润的最终实现。关于确定目标客户的问题在上一节已经讨论过了，既然目标客户已经明确，企业总裁下一步就要仔细严格地思考如何让自己的产品真正满足这些目标客户的实际价值需要。

WE公司是一家美容美发的连锁店面公司，张川是这家公司的法人兼企业总裁，自从创办并经营企业以来，张总用自己卓越的市场眼光、洞察力以及对美容美发行业发展的良好把握和运作能力，将企业的发展运营模式定位成了连锁直营店面的形式，无论是在繁华的市区、旅游景点还是热闹的居民区，张川的店铺开在了每一个他认为值得开的地方，并让越来越多的人感受到了店面的良好服务和运作模式。张川的店面运作方式主要包含以下几个方面：

首先，他坚决做直营店，不搞加盟和分销客户，因为加盟商与分销客户容易做低店面的品质及服务的档次，损失利润是小，砸了品牌是大。所以即使直营店面在管理和运营方面需要投入更多的时间和精力，要求有更高的标准和要求，但是张川觉的非常值得，因为顾客的需要就是自己工作与前行的目标和动力，为顾客提供更好的服务和舒适的感觉与环境是一个生意人的良心，也是做大做强企业所真正需要的东西。

其次，每开一家新店的时候张川都会开展一些实实在在的促销与宣传活动，让顾客得到实实在在的利益与实惠，让顾客通过亲身尝试真正感受到店面的良好服务，赢得顾客的认可与支持。

最后，通过一些顾客的亲身体验和尝试，使顾客意愿获得了满足，展示了店面提供的价值，顾客在享受并愿意接受这些价值以后也更愿意加以传播，使更多的顾客了解到这家店面并愿意来享受这里的服务，从而使公司获得了价值，并积累了口碑与实实在在的利润。

张川的企业发展模式就是将顾客的价值摆在了第一位，他所作的一切工作都是围绕着这一价值所展开的，因此他不仅收获了顾客的信赖，更是获得了企业良好的收益，助推了企业进一步做强做大。

首先，产品的质量和信誉绝对是第一位的，这也是企业的生命，没有信誉或质量不过关的产品是终究会被市场所淘汰的，还会被顾客所唾弃，欺骗消费者，就是在自掘坟墓。

其次，要提升服务，服务是突破销售的窗口，好的服务不仅会赢得顾客的好感，更重要的是直接促进消费，尤其是在当今很多企业的商品几乎相同的情况，好的服务对竞争的输赢几乎起着决定性作用。

最后，就是要注重产品的售后，没有售后的产品是不值得信赖的，售后也是整个服务过程的收尾环节，做好售后，会起到画龙点睛的良好作用。

运营：渠道通路，人脉通达

所谓的企业运营管理以及运作模式，也就是指企业的全面经营管理工作，运营即经营。企业运营的好坏以及整体的经营管理状况将直接关系到企业效益利润的产出以及发展规模的最大化，所以作为企业总裁，要善于对企业的全面运营管理以及高效的运筹帷幄，眼观六路、洞察世事，不断的拓展与拓宽企业的发展渠道、资金链条、完善产品、开发人脉、锁定更为广泛的目标消费群体，从而为企业运营管理工作的全面提升作出应有的贡献。

企业的运营管理是一项整体复杂的统筹规划与全面管理工作，是一种框架的搭建与方向的制订工作，同时还要把握好运营中的每个细节，因为框架也是由细节组成的，细节同样决定着企业发展的成败。运营管理关乎到战略、模式、框架、方向、全局、统筹等关键字眼，是一项全面系统化的工作。举一个例子，在古代，企业的运营者就好比国家的军师，军师的职责就是分析国家以及军队的实际情况从而制订军事的战略、强调战术并安排将士。例如《水浒传》中的智多星军师吴用，在宋江二打祝家庄失败之后，对祝家庄的情况进行了全面的分析与谋略后，利用双掌连环计最终攻克了祝家庄，这其中对战势的分析、计谋的使用以及人员的安排等都可称的上是一种运营，只不过这是军事交战的运营。

在一次参加以“企业发展运营之路”为主题的企业家演讲沟通会上，许多企业的总裁以及负责人都讲到了许多有关企业发展与运营模式制订及其调整方面的开拓之路，使许多参会人员受益匪浅并对企业的模式探索及运营管理方面的知识和学问有了更多的思考。

在这次难得的演讲沟通会上，我也与各位企业老总分享探讨了有关企业运营方面的管理心得与思想体会。

针对有关企业在运营管理方面如何做到整体把握与任务推进的问题，我认识到每个企业的管理模式与运营方式都是不尽相同的，这要根据企业的具体发展情况以及该企业产品所涉及的行业实际及其市场变化的总体情况进行判断与规划决策。

就像有的公司是做筷子生意的，麻雀虽小五脏俱全，虽然小小的筷子没有多少钱也显的很不起眼，但却是中国人生活的必需品，你想想中国有多少人，这么多人每年需要多少双筷子呢，可见这其中的市场空间是很大的，如何去开拓和运营，如何将市场做大，将产品更好的销售出去，并管理好各项细节，从而计算成本回收的时间以获得相对最大的利润就是一套很好的商业运营的基本模式。

还有的企业人士会问，到底应当如何做好企业的运营管理工作，以帮助企业更快更好的实现价值与效益的提升问题，我给出的答案是：一个企业要想掌控企业的全面运营，最大限度的扩大企业影响并增加企业效益，首先，应当在渠道的拓展以及人脉的积累方面下足工夫，做好文章，因为多种渠道的开发与拓展不仅能够最大限度的扩大企业与品牌的影响力，同时更加有利于产品的经营与销售。关于人脉，不仅每一位在职场中打拼的个人需要积累，作为企业也需要积累企业的人脉，这种人脉可以是合作企业，也可以是经销商、加盟商等，都是有利于企业的发展与运作的。其次，企业要想做好运营，还应当在产品的质量、包装、销售以及资金链的维护、目标消费者的确定、日常的管理与售后服务等各个方面做好充分的准备与积极的投入，才能保证企业运营实力的全面提升。

那么总裁应该如何做好企业的全面运营管理工作呢？

1. 努力拓宽产品的经营与销售渠道，发展多种经销模式以获取最大利润

企业将产品生产出来以后，就要考虑要运用哪些方式将产品更好更快的传播和销售出去，这就需要考虑到渠道的拓展与建设问题。这里所讲的渠道包括两层含义，一是信息的传播渠道，二是产品的销售渠道，也就是说有了产品以后，要怎样传播与宣传，是通过广告还是促销活动，是通过开设直营店面还是采用电话、电视、电子商务以及上门推销等多种方式。总之为了提升产品的销售利润，作为企业总裁首先应当关注渠道的选择、消费的刺激以及渠道的管理三大方面的工作。

2. 善于企业品牌与影响力的运作经营，最大限度的拓展企业与产品人脉

个人需要人际交往与人脉拓展，作为企业也应当注重人脉的积累与口碑的传承，这里所讲的人脉不仅包括忠实消费者与支持者的培养，更重要的是经销商与加盟商的开拓与维护。因为企业利润的提升单靠自身的力量是远远不够的，企业要懂得发展“下线”，即在一定范围和约束下允许广大经销商及其加盟商的加盟，企业从中赚取一级利润，经销商在其中赚取二级利润，虽然这之间有了价格差，利润也有了所谓的分成，但对于企业规模的扩大与实力的扩张还是非常重要的一步。同时企业要善于品牌战略的运作和经营，努力扩大企业以及产品的影响力，增加口碑效应，形成正面影响，从而进一步增加效益推动企业发展。

3. 专注模式运营，还要考虑资金链、产品、目标消费者及其管理与售后

在企业的运营管理工作中，除了专注渠道的开拓以及人脉的积累之后，为了确保整个运营链条的完整，还要对资金链、产品包装、目标消费者的界定以及日常管理及其售后服务工作进行必要的关注与跟踪。

资金链是运营工作中需要首先考虑的环节，没有资金的投入企业可以说寸步难行。所以企业不仅要考虑项目启动时需要投入多少资金？后续需要多少资金支撑运营？如果不够是否考虑融资？还需考虑如何通过融资为投资者带来更大的效益等，总之资金的问题至关重要。产品要销售出去质量是第一。其次还要进行必要的包装，细分包括实物外包装，即VI形象识别系统，还有产品的内包装，即卖点、功能、价值以及宣传语广告等。最后关于产品的消费者、日常管理以及售后支持等也都需要考虑清晰。

行销：蜕掉发展外壳，拿下关键业务

企业要获得市场的认可和长效的利益，必须坚持持续高效的发展，但是发展也同样需要方法和技巧，企业不能一味地为了发展，而忽视了企业中的主流业务，本末倒置。发展什么、怎么发展，采取什么样的模式等问题都要有一个清醒认识，而不是盲目扩张，作为企业总裁需要带领整个企业抓住重点，稳步发展，匀速前进。

谈到企业行销，许多人会认为是比较复杂的事情，其实行销的简单定义就是找出顾客的需求点，从而加以满足并获得最大限度的收益就是所谓的行销，行销手段是企业发展的重要功能之一，凡是企业与顾客之间产生的交易都可算做为行销的范畴。许多企业为了通过行销的方法与手段最大限度的扩大企业规模、获得企业价值，便会运用各种方法高频率的一味的加以扩张和发展，最终企业就像一只被吹大的气球，虽然看起来美丽漂亮，体积庞大，但其实只是一个空空的气囊，没有任何实质性的东西。所以作为企业总裁要善于抓住事物的主要矛盾，在发展扩张的同时分清事物的大小与轻重缓急，优先发展关键业务，从而获得利润的直接与快速提升。

张总是一家按摩保养产品生产与销售公司的总裁，之所以选择这一行业作为市场发展和开拓的目标，张总倒是有着自己的想法。首先在社会高速发展的今天，快节奏的生活和工作占据着人们的主要时间，大家头脑中每天充斥的都是压力、竞争、打拼等极端字眼，所以健康在这个时候就显的尤为重要，但是到健身房和室外锻炼虽然好处多多，可对于时下的繁忙一族来说却显的近乎于奢侈，所以张总的产品便很好的填补了这个市场，所开发销售的都是可以在家里使用的操作简单、体积小巧的运动小器械；尤其是针对每天长时间坐在电脑前的白领一族来说，用于颈椎按摩的小器械更是方便使用、操作简单。

于是，在各项产品器械普遍得以研发并投入生产以后，张总便带领手下的销售团队开展各项销售渠道的行销拓展工作，为了尽快的看到产品效益，该公司的销售团队使尽了浑身解数，不断地扩张产品的影响力，通过各种方式扩大产品的销售渠道，同时又在高频率的开设直营销售店的同时，拓展加盟商与经销商的产品代理业务。经过一圈的折腾与费尽心思的销售拓展及其行销工作，产品的影响力倒是有了一定的打响，但是产品的直接经济效益却远远没有张总想象的那么高，他对自己的做法似乎有了一些怀疑，于是便向我进行了咨询和请教。

“我之前对公司产品的整体行销模式做了深入的分析与思考，在实施过程中也是与团队一步步的推进和发展，可为什么做了这么多努力，产品效益却不见明显的提升呢？”

“我帮你做一个分析可能会对你有所启发和帮助的：你的产品主要的目标消费群应当是白领一族和上班一族对吧，但是我看到你在电视台和电台所做的大量广告却都是在白天播出的，而且频率很高，应该花了不少钱吧？白领和上班族这个时候都在上班，有几个能看到呢？再有你开的许多直营店确实是在繁华的商业地段，人流很多，有很多旺店，贵公司的店面无论是面积大小、装修还是货品种类与库存等各方面都不错，但是这些地方相信只有在周末的时候才会迎来上班族的光顾，平时他们会来吗？所以倒不如开在一些写字楼密集的场所和街道，房租等各方面投入还不贵，上班族在午休和下班的时候都有可能光顾。再有我看你开了许多加盟店和特许经销商，但是他们开店的位置和销售效果如何？目标消费者是怎样确定的？平时会搞哪些活动作为促销手段等这些你都了解吗？恐怕您只是一味的想要增加店面数量吧，这样一味的讲求扩张，但是却无法更好的带来收益，不仅伤害了自己，也伤害了客户的利益。”

“的确，一味的发展和讲求速度的提升却往往忽视了事业发展的自身规律，我有点拔苗助长的姿态了，但这样的行销方式反而抑制了产品的有效销售，下一步我一定专注主要业务的开拓，不再盲目扩张，而是要明确目标消费者，然后有的放矢、对症下药，以拿下关键业务为目标。”

企业的发展与产品的销售都想探寻到一个最佳的模式与最好的行销手段，但是领导人急功近利的心态与盲目扩张的手法给企业带来的往往是发展的硬伤与疲惫，即花费了很大的力气却没有换来很好的业绩。所以企业要想做好产品的行销工作，就要善于抓住问题的主要矛盾，做好细致的规划与透彻的分析，主攻关键业务，拿下大订单，才能有效实现利润的最大化。

1. 综合运用各项行销手段，多管齐下获取最大收益

企业在发展过程中，要努力拓宽行销思路，合理并有效运用各种行销手段，全方位、多角度的开展产品的行销管理工作，例如可根据企业发展的实际情况采用网络行销、电话行销、技术行销、服务行销以及策略行销等方式进行产品的系统销售工作，多管齐下争取获得最大的经济效益与发展收益。但是有一点需要注意，以上各项行销方式的综合运用一定是在对企业发展的实际情况以及产品销售的策略分析的基础之上开展的，是有着明确的目标和价值的体现，绝对不是拿来主义，单纯为了规模与影响的提升而开展和实施的。运用的前提应当是具体问题具体分析，如果企业经过调查与定位，发现技术行销的方式最适合企业，那就果断的放弃其他手法，切记鱼和熊掌不可兼得，有时候只有舍得放弃，抓主要矛盾，主攻核心业务，方能赢得大发展与大收益。

2. 摒弃盲目扩张的激进发展方式，优先拿下关键业务

作为企业领导人也就是企业总裁在发展业务营销模式与产品的行销方式的时候，务必要保持清醒的头脑与敏锐的思维，透过纷繁复杂的行业现状与市场环境直击事物发展的主要矛盾，在主要业务上下足工夫要比盲目的四面开花好的多，也能带来更多的效益和利润。

企业一定要摒弃盲目扩张的激进型发展方式，尤其是未经深入考察与试验的行销方式更要小心谨慎，思考全面，要在有效的时间内将发展的主要精力投入到最有可能为企业带来利润最大化的行销方式中去，有的放矢终将一剑击中。

总裁密码 第 8 章

六段总裁：做复制，就是从加法做到乘法

六段韬略分析

有位企业家曾经做过一个形象的比喻，说做事就像烧煤，一定要“烧透”。但纵观时下很多企业，尤其是在创新一词被炒得火热，各项产业都迅猛发展的今天，又有多少企业愿意只将一项业务“烧透”呢？很多企业老总往往是在专注一项的时候还会花心，想要创新，结果恰恰是一个业务或一个模式尚未做到极致，又提出新的想法要复制，到头来不是突破一个，带动全局，而是四面开花、花开花落，没有一样是持续发展的。

不断的创新固然重要，但是持续的复制有时才会最终助推企业达到成功的顶点。作为企业总裁要始终明确一点，那就是从某种程度上说，创新永远没有执行重要，公司的强大有时候就是简单的不断的重复和复制，在机制和模式试点成功以后，就要不断的加以复制，并在复制的过程中，告诉中层管理人员唯一的目标，即为传承优良的模式；告诉基础员工唯一的成功，即为持续专注的复制。

作为苏宁电器连锁集团股份有限公司的总裁，孙为民在家电零售行业的连锁之道上一直矢志不渝的探索和前行着，在他的眼中家电连锁行业是一场没有终点的马拉松比赛，既然没有回头路可走，就要一直努力坚定地走下去，不仅要坚持走下去，还要走得踏实、走得稳健、走得一路高歌。很多人都问过孙为民这样一个问题，苏宁电器目前在中国家电零售连锁行业方面可以说已经站稳了脚跟，并且无论是在企业实力、团队建设还是产品创新及完善发展等方面都已经做到了非常优秀的程度，为什么不再进一步拓宽自己的业务范围，从而做到四面开花，多方面创收呢？对于这种疑问，孙为民总会微微一笑、淡然处之，因为他深知苏宁虽然已经取得了一些成绩，但还不到炉火纯青的地步和发展高度，为了使企业在各方面做的更加精致，为了进一步满足顾客的需要和服务的无限提升，他和他的苏宁仍然会一如既往的做好自己该做的事，不分心、不旁观、专注一项、做到极致。

做事一定要有头有尾，有始有终。做企业也是一样，一个真正称得上企业家的总裁一定要勇于做出一番精致极致的大事，而不是样样都想尝试，结果没有一样做到开花结果。企业要想拥有自己的招牌菜就要专注一项做成经典，并不断加以持续的复制，才能促使企业获得长久性的成功与赢利。

企业复制力：持续成功才是真正的成功

纵观现今的涉及企业发展与管理方面的新闻报道或是电视广播，介绍最多的内容无非是哪个企业在经营某某产业的同时，紧跟时代发展的潮流与趋势，大力开拓其他相关领域和发展渠道，但结果却总是不了了之，多数都没有经营成功。

企业的成功，要的不是一时而是持续，只有保证持续意义上的成功才能诠释成功的真正含义。在这个浮躁喧嚣的时代，人们的心境总是被外界各种各样的纷纷扰扰所打扰和影响，作为许多企业的负责人来说，在社会经济各方面快速发展和变化的今天，在高新科技以及多产业并驾齐驱的今天，很多企业已经不满足于只经营一项产业或业务，而是眼观六路，思维跳跃的想要从多方面多角度去尝新，希望可以成为发展的多面手，让自己的企业能够涉足更多的领域，从而成为全面的人才。

但事实往往没有我们想象的那般简单和顺利，很多企业在涉足多项产业之后往往每一项都没有做精做透，最后得不偿失失去了最佳发展机会，企业的发展与赢利也受到了一定的影响。

YT公司最早是以家电行业起家的，在该企业总裁李明林的带领下，经过近十年的发展和运作，YT公司已经成为了行业中颇为知名的家电大王。无论是直接连锁店面的数量和规模，还是各种家电产品的口碑与质量，以及店铺的日常管理与员工的服务，都可以说达到了行业内的领先水准，成为许多企业学习的范例和发展的楷模。

随着家电行业波澜不惊的稳定发展，以及如今各项产业的迅猛前进，李总的心开始有了的新的想法和目标，在近几年的企业发展中，他开始大力投入并启动其他相关行业，即向自己陌生但目前发展势头较为猛烈的相关产业，例如网络电子运营、手机的开发与销售以及连锁酒店的运营管理等进军。虽然在对外的宣传中，YT公司给人留下的印象是能力超强的多面手，即家电行业做得有声有色，并大力进军其他行业，但是随着各项新引进产业的深入发展，李总渐渐感到了压力，因为首先自己并不是这些行业的科班出身，对这些行业的具体经营情况并不是十分了解和掌握，只能靠市场的方向引导以及自己多年的经商之道来判断，但从最近一段时间的发展来看，不仅原来的家电产业受到了一定的影响，新涉及的产业也开展的颇不顺利。

于是，他渐渐意识到问题的严重性并开始加以反思：虽然目前企业在家电经营与连锁行业方面取得了一定的成绩和地位，但是尚且不到发展的巅峰与极致，且与国内的几家大型的家电连锁企业还存在一定的距离，与国际的大企巨头更是没办法相提并论。在这个关键时期他本应该在老本行方面投入更多的精力，以达到进一步的发展，却转而投入到虽然目前市场方面炙手可热但自己并未过多了解和涉足过的其他行业，这样做显然是不明智的。

经过一段时间的思考和整理，李总坚定的从其他行业重新回到了自己的家电王国，并充满信心且坚定不移的打造自己企业的王者地位。

1. 创造企业赢利模式，并不断加以良性复制

企业要想获得持续性的成功，首先就需要建立一套适合于企业自身发展的赢利模式，然后加以不断的复制并带领团队持续性的按照此模式要求进行一步步的推进与实施，才会有助于企业的最终成功。好的赢利模式的建立需要企业总裁能够带领团队成员，在对企业的各方面进行充分了解和分析的基础之上，结合当前经济市场的发展现状、政府的相关政策以及行业竞争的局势情况等，所建立出来的一整套涵盖企业各个发展模块的模式体系，且此种模式的正确使用与效用发挥将会为企业带来

一定的赢利。当这种赢利的模式建立成功以后，就要求所有团队成员能够矢志不渝的加以实施，即进行不断的良性复制，最终当量变达到质变，企业的成功触点被一触即发的时候，成功便就会出现在不远的地方等待着你的采摘。

2. 复制营销服务体系，让顾客感受服务价值

企业发展的最终目的便是通过产品和服务以获取顾客的认可，从而将顾客的认可转化为企业的最终价值和利润。一个无法创造利润的企业是不成功的也是无法存活和发展的，获取利润最有效的途径和方法，除了确保自身产品的质量以及业务的专业之外，还要重视服务的质量。在如今的市场竞争活动中，同行业之间的产品质量、业务渠道、运作机制等各方面已经发展的极为相似，因此，服务就成为了能够在竞争中获得最终胜利的一个重要标准与筹码。所以建立一套优质高效的服务体系是决定企业总裁能否做到持续成功的关键一步。当服务体系建立完成以后，就要进行不断的扩大与复制，从而全面提升企业的服务质量，让顾客真正感到企业的服务价值，从而将其转换为企业利润，使企业获得长足发展。

3. 复制人才培养体系，扬长避短人人皆为贤才

企业由人来组成，人才是推动企业快速发展和最终成功的执行者和操作者，每个人都有自己的长处和短处，人无完人，如果抱着找到最优秀或者最适合企业的人才几乎是不可能的，但美丽的玉石是靠辛勤打磨出来的，如果希望得到适合本企业发展的优秀人才就善于发扬员工的长处，规避短处，那么人人就都变成了可用之才。作为企业总裁要努力建立一套适合企业发展、适合员工成长，总之是既能够实现团队价值又能实现个人价值的人才培养体系，并且坚持长期有效的运用于企业的实际工作当中，才有利于企业的持续发展。

让团队呈“几何级成长”

团队建设的好坏，关系到一个企业的整体发展实力与前进步伐，也是企业良好战斗力与凝聚力的充分体现。如何让团队的整体工作实力得到进一步的加强与提升，如何让团队的工作效率得到几何级的成长，从而使企业的实力得到全面的提升与发展，这不仅是企业发展的需要，更是每一位企业总裁应当并亟待思考与解决的问题。

每一位企业的领导者都希望企业的整体实力与利润所得能够呈现出几何级成长，团队的执行力与工作效率也呈现出几何级成长的迅猛态势，但是这需要怎样予以实施呢？团队的建设应当是一个有效沟通和意愿达成的过程，在这个过程中，每一名团队成员都要努力发挥自己对工作的热情、自信、能力、智慧等以便影响整个团队的工作效率，加上公司发展方向的正确引导与企业领导者的定位和引领，团队所能发挥出的耀眼光芒必将照亮整个星空。

不久前，UL公司的执行总裁杨志华邀请我及其另外几位培训老师共同到其公司参加了一场别出心裁的员工户外体验活动。看似轻松简单的员工及团队性质的户外体验交流活动，但其实蕴

涵的主题或者说杨总想通过这次活动所达到的目的却并没有这么简单。

活动共分四个环节，所有参加的员工也被分成四个小组，在这场活动中，每个人的价值将被忽略不计，人们看到的只是以每个小组为单位的比赛和挑战情况。四个环节的活动包括团队游戏、生存考验、心态集训以及模拟压力，每个环节内容的开展都让各位伙伴在一开始充满了无限的期待，但是在活动开展到愈加深入的阶段，大家才渐渐感到任务完成的艰难，或者是想获得成功的概率似乎格外渺茫，虽然有的小组成员使用了浑身解数，甚至将十八般武艺都派上了用场，却依然前功尽弃，失败而归。而有的小组经过团队的一致努力以及所有成员的全情投入，成绩不仅遥遥领先，也让杨总看到了活动的目的与企业的希望和力量。

活动结束后，杨总做了重要的活动总结："各位公司的员工，亲爱的伙伴们，首先特别感谢大家今天可以参与到这次体验活动当中，同时对各位在活动中取得的优异成绩表示祝贺，没有取得良好成绩的团队和个人也不要气馁，因为大家都已经明白和领会了这次活动开展的意义和最终目的，我想这才是最重要的，也是最珍贵的。"

杨总顿了顿又接着说道："我们的企业就像一部高速运转的机器，如何保证所有运转的步骤和程序都能达到企业、市场以及顾客的需求，甚至是达到一种几何级式的更为高效的成长，是我们所期待的，更是我们所有公司成员都希望达到的结果。而在这其中团队的重要性是不言而喻的，团队中高层做什么、中层做什么、基层又负责哪些都要进行合理优化的分配与衔接，才能促成企业的优化发展。在确定了良好的发展模式与运营机制之后，我们需要做的便是按照模式进行不断的复制，甚至是高效的复制，才能推动企业的大踏步前行和发展。因此今天我们所参与的活动中的所有环节，都是蕴涵了提升团队各方面能力的相关主题，相信大家也都有所收获，那就希望各位发挥各自的优势与整体团队的协作能力，为企业为自己创造更大的价值。”

那么到底如何促使企业团队的发展达到几何级的成长呢？

1. 强化专业技能

良好的专业技能是所有团队成员都应当努力达到的，因为专业技能的高低将直接影响到团队的整体前进步伐与工作的完成效率，所以要想使企业团队能够呈几何级成长，首先需要加以提升的便是各项专业的工作技能。

2. 诚信敬业为先

诚即为忠诚，信即为信用，诚实与信用不仅是社会发展的要求，更是企业立足的生命，企业的发展壮大离不开诚信，我们每个人对待工作的态度也应当从最基本的诚信出发。工作中的诚信就是要立足岗位，用积极诚实的态度对待工作，方可做到爱岗敬业，对人以诚相待才能交到真正的朋友。敬业即为尊重热爱自己的本职工作，想尽各种办法千方百计的要将工作做好，这不仅是中华民族的传统美德，更是企业高效发展的有力保证。

3. 拥有良好心态

当我们拥有了良好的心态，生活便是天堂，工作也成为了一种幸福与享受，无论在什么处境下，保持良好的心态都是非常必要的，因为我们改变不了外在的环境，却可以改变自己面对环境的态度和心境，将自己放置于一个最好的心态之下，工作的开展才会有理由变得充满动力与激情。

4. 持续高效复制

企业的发展有时就像一个固执的孩子，发现一个好玩的东西便乐此不疲的坚持下去，无论别人用哪些更好玩的玩具吸引他，他都不为所动，并从中收获了属于自己的那份快乐与满足。企业的成功有时就是对某一成功模式与方法的高效复制，通过不断的复制最终赢得企业的发展。

战略：高层做大节

战略的制订与实施是影响企业做强做大的重要环节和有力保证，是制订、实施与评价企业能够达到某项发展目标的功能决策的艺术与科学。战略实施的意义与目的就是要保持自我的竞争优势，所以为了成功做到这一点，战略的制订需要对企业的整体发展目标、发展规划、人员架构以及资本运用等各个方面进行全方位的统筹规划，从而实现企业的全面成功，获取更大效益与突出业绩。

企业总裁作为企业的直接领导者和决策者，应当掌好企业的发展之舵，当好企业的领头人，事事要站在高处、眼光放远且以大局为重，把握好企业整体的发展思路，制订适合企业发展的整体战略，从而为企业获得全面的复制力以及阶段性的成功做好大前提与充分的战略技巧的准备。

温迪先生是美国一家著名咖啡糕点连锁企业的品牌执行总裁，他在企业的发展运作方面大胆实行了别人未敢尝试过的差异化的发展战略，并在不断的尝试与运用中使企业获得了飞速的扩张与利润的增长。

在这之前该公司的咖啡连锁店面只有不到20家，且分布的城市和位置也非常的不占优势。温迪就任之后，大举开拓了更多的销售市场与连锁店面的数量，并将咖啡的价格提高到了一个崭新的价位——一个足以让人瞠目结舌和大跌眼镜的高价位，但是喝咖啡的人却有增无减，人们反而非常乐于来品尝这里的摩卡咖啡以及新鲜的咖啡糕点和其他小吃。就这样温迪的战略实施已经顺利的走出了第一步。然后温迪的企业开始迅速的扩张，包括向非洲和亚洲等地进军，预计开设更多的店面，让更多的人感受到这别具一格的无沫咖啡以及美味食品。温迪始终认为自己雇用的人应当比总裁更聪明，他们在战略实施的过程中始终有着更多的想法和见解，所以温迪的公司总是能够给予他们更大的发展舞台，同时公司给予他们全面系统的培训，为了管控质量，他们都是采用直营店面的经营方式，而拒绝了加盟商与超市配送的销售方式与经营模式。

所以温迪公司所实施的差异化战略让我们看到了它与其他公司在产品、服务以及运作模式等各方面的不同，这些独特的经营运作方式，也就是这种战略的差异化，构建了企业的核心竞争力以及独特的经营魅力，从而助推了企业发展的成功。

温迪的咖啡连锁公司因为成功运用了差异化的发展战略，从而降低了与竞争者的竞争，拉大了与竞争者的距离，企业的利润自然得到了翻倍甚至几何级的成长。所以说，良好战略的制订是企业走向高效赢利的第一步，也是极其重要的一步。

1. 确定企业任务，认知企业机会与威胁，了解自身优势与劣势

作为企业领导者，战略的制订不是一朝一夕的事情，而是需要全局的眼光以及开阔的眼界，站在企业发展的一定高度上，对企业的方方面面掌握于心，同时还要对外部环境与市场现状有着准确的分析与良好的预测，方能制订出适宜企业发展的战略。从企业自身的实际情况与发展现状来讲，领导者需要与企业的各位高层及核心人员明确企业的任务与目标，充分认识到企业所面临的有利机会与不利威胁，排除可能存在的障碍，了解自身的发展优势与劣势，从而有的放矢的进行战略的制订。

2. 协调产品、服务、市场、顾客以及竞争对手情况，建立长期目标

在战略制订的过程中，企业总裁还需要对企业的产品与业务、服务的对象与目标消费者、市场的动态与变化的趋势以及行业内的竞争对手及其竞争对手的各方面情况等有一个详细的了解和清晰的掌握，从而做到心中有数，做到虽然风云变幻依然能够笑看云卷云舒的境界。

企业战略的制订需要基于企业长期发展目标的实现，企业长期的发展目标一般是指五年或十年的发展时间，所以针对较长的时间段，战略中每个环节的制订与工作的推进安排必须考虑到时间进度的问题，从而利于企业目标的最终实现。

3. 跟随市场及行业的变化，及时调整战略，运筹帷幄统揽全局

战略调整是企业发展过程中以及战略具体实施过程中可能遇到的一个问题。正常来讲，因为战略的制订是企业高管的核心思想的体现，是针对企业各方面发展现实与发展趋势的长期规划，对于企业发展在一定时间内都会持续产生作用，是不应当随便变化的。但是事物发展的规律也总是处于不断的变化之中，一成不变的事物是根本不存在的，所以当企业面对一定特殊情况或者外界的行业发展趋势以及市场出现变化的时候，企业的发展战略就要跟着进行变化和调整，以利于企业的正常发展。

总之，企业总裁要学会并善于复制，使企业及团队的整体实力从加法做到乘法，呈现不断上扬的几何级增长态势，就要先从战略做起。企业高管要善于做大节，制订全面的企业发展战略才是走向高速发展之路的首要任务。

战术：中层定环节

战术的规划与实施始终遵循企业的整体发展战略以及策略的安排指引，同时也服务于战略的全面思想并对战略负责，所以战术是解决企业发展当中各项实际问题的方法与手段，是对战略各个步骤与环节的具体实施要求与计划，即到底要采用什么方法，到底需要安排与实施哪些具体工作等都属于战术的范畴。

战术的处理和实施属于企业发展的中间环节，负责战术实施的员工也都是企业的中坚力量，但实施的好坏以及程度，作为企业总裁都要给予必要的关注和指导，从而使战术实施的更加到位和正确。企业发展的中坚力量与骨干成员是各个中层管理者，他们作为企业高管与基层员工之间的纽带与承上启下的重要支柱，肩负着重要的日常管理任务与战术的调整运用，要对企业管理工作中的各个流程环节负责。

王皓是一家酒业制造与销售公司的总裁，在企业销售的战略制订工作上，他与企业的核心团队、高管成员根据企业产品的实际销售情况与市场目标消费者的准确需求制订出了一整套促销活动的战略方案。该战略的制订首先是基于公司产品的市场卖点以及自身特点，其次是根据公司未来一段时间内的实际发展需要，最后是基于酒业市场的变化与需要的。战略制订完成后，下一步便是战术的实施阶段了。

不同的促销方式所带来的销售结果是有所不同的，例如游戏活动促销，即通过各种新奇有趣的游戏来引起顾客的购买欲望，从而有效促成销售的达成。这种促销方式所带来的效果是其他方式所难以企及的，不过在游戏环节中，一定要注意游戏规则的设置要适合大众的口味，即普通消费者都很容易学会与参与，另外，奖品的设置务必做到吸引顾客的眼球，否则促销的效果很难达成。可以服务的方式赢得顾客的好感与销售的达成，例如在饭店中，促销员可以协助服务员进行顾客服务，点餐、上菜、满足顾客需求等，点滴的付出和一些服务的小动作便很容易俘虏消费者的心，从而树立起公司及产品的良好形象，更好的达成产品的销售。又比如会员促销，会员制度的促销方式是目前比较流行的一种促销方式，也是普遍运用的操作模式，技能在一定程度上方便顾客、笼络人心，又能促进消费，达成销售，公司根据不同消费者的就餐频率、消费情况、价格区间等情况，将目标客户划分为不同的等级，制订出不同的会员阶梯，从而有针对性的推出相应的会员活动。

以上相关促销方式的战术实施，主要依靠的就是企业中各位中层管理人员的环节监管与管理作业，不仅有效地拓展了各项销售的渠道，发展了更多的潜在目标消费者，最大限度的发展了公司效益，最重要的是能够很好地按照公司整体战略的要求进行准确的执行，从而将企业的发展战略更好的实施下去，获得了显而易见的成绩。

那么战术的实施以及中层管理者在其中所扮演的角色到底是怎样的呢?

1. 战术的实施要始终遵循战略的整体安排和要求，不可脱离战略的涵盖范畴

在企业的发展当中，一定是先有战略，后有战术，战略包含战术，战术来自于战略，所以战术的实施范围要始终在战略的引导之下，要时刻遵循战略的整体安排和相关要求，不可脱离战略的涵盖范畴。

战略是战术的“有机组合”，更是战术的“执行标准”和“总体纲领”，而战术是战略得以实现的“分解动作”，也是必不可少的分解点，它们之间是高度统一缺一不可的关系，这就好比一名跳水运动员，如果说他的每一个动作做的都不标准和完善，那么从何谈起他跳水的整体连贯与一气呵成呢？获得高分的概率更是十分渺茫。在这里每个分解的跳水动作就好比战术，而整个跳水动作的安排与连贯就是企业的战略。

2. 战术的实施者也就是企业的中层管理人员要努力做好战术管理中的各个环节

我们要谈一下战术的实施者，即企业发展的中层管理人员，他们是企业当中承上启下的重要代表，是企业发展的中流砥柱与骨干成员，在企业当中不仅承担着向总裁汇报各项管理工作的重要责任，还担负着对下属的日常工作进行管理的重要任务，所以企业的中层管理者对企业的发展起着至关重要的推动作用。

有关战术的实施，中层管理者务必要做好管理与实施阶段中的各个环节，包括任务的分配、流程的操作、工作中的细节管理、工作中的协调与督导、基层人员的管理与激励以及任务的达成，甚至是对整体战略的影响等都要加以认真仔细的分析和确认，才能确保万无一失。

3. 战术的实施要随着战略的调整而进行适当的改变，以适应公司的发展需要

一个企业的整体发展战略在制订完成以后，企业内全体成员要在一定的时间内必须按照战略的规划与任务的要求进行一步步实施，才能收到一定效益，为企业带来发展和改变。但是在企业的生存环境中，由于外部发展环境的改变以及市场的风云变幻，加上行业自身可能出现的相关问题，迫使企业的发展战略也要进行适当的修改与调整，既然战略进行了调整，相应的战术就要跟着发生变化，以适应公司的发展需要，否则将会影响整体任务与目标的推进，甚至阻碍公司的发展与赢利。

战斗：基层要细节

企业中每一项工作的具体实施与操作环节依靠的都是战斗与服务在一线的基层员工，他们是企业这座大厦中的基石，也是直接创造企业效益与价值的承载者。基础细节的工作来自于大局战略的制订与管理战术的指导，所以一线的相关工作是对企业战略与战术是否正确的最好检验，也是决定是否能够为企业创造更多利润的关键环节。

作为企业中的基层人员，是战斗在第一线的执行者和操作者，要根据直接领导也就是中层管理人员的统筹安排与全面部署进行工作的具体操作与执行，即完善各项工作细节，做好各项基础事宜。细节的工作烦冗而琐碎，需要认真的思考与极大的耐心，对于战斗在一线的普通劳动者，企业的中层干部以及企业总裁等高管也要给予其尽可能的关注与关心，了解员工的工作状态与心理走向，对于员工的工作方法给予必要的指导和帮助等，从而使普通员工增加工作的信心，更好地促使各项细节工作的开展，为企业提升经济效益的同时也为自己积累了财富。

KK是一家茶制品连锁经销公司的总裁，为了进一步提升企业的发展规模，扩大企业的经济实力，提高企业的经济效益，该公司在最近制订出了又一个五年阶段的发展战略计划，并分解到了各个部门的具体实施工作中。其中销售部是完成此项战略规划中的重要部门也是利润的直接产出部门，为了进一步提升销售与服务能力，掌握销售技巧与服务细节，KK在公司内部组织了一次针对全体销售员与短期促销员的销售业务培训，并邀请我作为此次培训的全面指导老师。

培训一开始，我便向各位员工讲解了此次公司的销售计划安排以及要求达到的利润数额，并按照不同的占比分配给了所有店面，要求各个店的店长带领门店员工努力完成公司的销售任务，并说明了如果任务完成或超额完成将会获得的奖励，如果没有完成，或者与要求的目标差距很大，将可能受到的惩罚措施等。同时要求各店面的一线销售服务人员要与所在片区的管理人员保持良好的沟通和对接，以便共同做好销售工作争取早日完成公司下达的销售任务。

而后便进入了培训课程的正题，内容主要包括如何更好的开展各项销售工作，在销售工作中需要注意哪些问题，店长与店员的沟通与配合，如何与顾客进行多角度的沟通，以及如何做好服务细节，如何用细节打动顾客从而达成销售等。培训结束后，所有参加培训的基层一线员工不仅领会和了解了公司的工作任务以及相关要求，同时也学习掌握了如何更好的促成销售的各种方法，每位伙伴都受益匪浅。

培训活动结束后，KK兴高采烈的对我说道："您觉的我们在战略战术安排计划的如何？员工的培训活动开展的怎么样？"

"总体来说效果非常不错，一个企业要想快速的做强做大，最好能够专注一项做精做透，用复制的力量将加法做到乘法，这一点您做得很到位。同时在实施的过程中，您也很好的把握了高层负责制订战略规划，中层完成日常环节管理以及基层主攻一线的销售服务工作，一环扣一环的形式很好的体现了公司的任务推进计划，今天的基层培训工作开展的也很好，员工们不仅收获了销售的技巧，更加了解了细节完善的重要性，我期待着贵公司销售达成甚至是超额达成的好消息！”

那么，在企业复制管理中，基层员工的任务要点及其所扮演的角色又是怎样的呢？

1. 基层员工要认真听从管理者的工作安排，做好沟通与协调，增加利润收益

基层员工是自行层面，是任务的具体实施人员，直接对工作的效果负责，所以为了保证工作的有效开展，达成公司的任务要求，基层人员在日常工作中需要与管理人员保持密切的协调与沟通，对于实际工作中遇到的困难或是没有能力解决的问题需要及时上报主管领导，由主管领带负责协调解决；同时主管领导也要在日常工作中多给予员工必要的帮助与关心，以便共同完成企业总裁下达的工作任务，为公司战略战术目标的实现贡献力量。

2. 细节决定成败，基层员工要努力抓好各项工作的完成细节，避免因小失大

什么是不简单，将每一项工作认认真真的做好就是不简单；什么是不平凡，将每一个点点滴滴的细节做到完善就是不平凡。生活是由成千上万的不平凡与不简单构成的，归根结底，做好每一处细节都是过好我们的生活。工作也是一样，点滴的积累与不断的摸索和完善便构成了超越与伟大，量变最终会转为质变，不断的关注细节才会创造出更伟大的成绩，所以基层员工要努力将工作中的每一处细节做到尽善尽美、无愧我心，才能最终实现公司的大目标，实现大发展；避免因小失大、得不偿失。

3. 战斗的细节要始终与公司发展的战术环节及战略大节相匹配，提高复制力

基层员工的工作要始终遵循一个大方向的引导和指引，即有可参照的目标作为激励，否则员工的努力便会找不到方向，工作的动力便会受到影响。所以战斗的细节也就是基层员工努力的方向，务必要与管理者的战术要求以及公司的战略规划相匹配，思想一致与步伐统一才能最大限度的实现效益的最大化，全面提高企业的复制力。

总裁密码

第 9 章

七段总裁：做进化，从优秀十足到完美收官

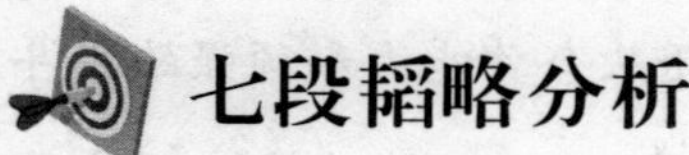

七段韬略分析

当今世界是一个弱肉强食、适者生存、强者战胜弱者的时代，只有遵从客观规律不断强化和提升团队的执行力，用文化和机制进化团队，优化团队，优胜劣汰，才能促使企业和团队在进化中更加强大，更加的坚不可摧。作为企业总裁，要学会给员工提供终生就业的能力，而不是终生就业的机会，只有这样才能打造一支强执行力的团队。

曾经有人这样描述华为：如果你想打电话，就离不开程控交换机；如果你想上网，就需要使用路由器；如果你想发短信，就需要用基站和电话预付卡……而所有的这一切都离不开华为技术有限公司的总裁任正非。

任正非最早是部队中人，严格的部队生活教会了他宠辱不惊和敢作敢为的处世风格和良好心态。他43岁从部队转业，1988年与几个志同道合的朋友怀揣着东拼西凑来的2万元钱成立了深圳华为技术有限公司，并任企业总裁。而在当时，大陆的电信行业正因为恶性的市场竞争纷纷处于举步维艰的境况，国外的电信巨头却希望借此机会打垮中国的电信行业。这个时候的任正非以顽强的意志和不服输的精神带领手下员工不断突破、顽强抗争，终于迎来了华为发展的春天。如今华为公司已经成为了世界一线著名的GSM设备、交换机产品及接入系统的佼佼者，任正非本人也成为了中国最成功的企业家之一。

任正非在企业的管理工作中始终推行拼搏求存、强性进化的“狼性文化”，狼是食肉动物，如果要生存必须要努力战胜对手并吃掉对手，所以狼总是具有敏锐的嗅觉和勇往直前的勇气与不屈不挠的精神，它们机智凶猛，具有良好的团队合作能力和顽强的战斗力，所以狼性文化就体现了进化论的核心观点：强者生存、弱者淘汰、不战则亡，卓越靠磨砺，优秀靠淘汰。

从任正非的身上，我们看到了华为的进化理论与进取精神，看到了狼性文化的生存与奋斗精神。作为企业的总裁，一定要迫使员工不断进化。竞争会使人进步，安逸则会让人退化，最终因为安于现状、不思进取而被残忍地淘汰，退出竞争的舞台。所以企业要想保持积极向上的生命力与充沛的发展活力，一定要引入必要的竞争机制，营造一定的危机感，迫使员工不断进化与提升，从而去其糟粕、取其精华，永远保持旺盛的生活活力与工作创新的动力。

进化管理是企业生存规律

适者生存本是自然界的演变规律与生存法则，但也同样适用于企业的发展要求与发展规律，当整个企业快要失去危机感的时候，也就意味着企业已经开始走向了衰退，作为企业总裁，如何抑制这种衰退的发生同样是企业当前的发展要务。企业总裁一定要打破这种局面，将员工头脑中的小富小安思想彻底打掉，迫使员工面临变化与调整，不断进化，只有这样才能换来企业发展的真正进步。

企业不是慈善机构，企业总裁更不是真正意义上的慈善家，企业需要创造利润和价值，以推动企业甚至社会乃至整个世界经济的前行与进步。所以企业不需要任务，更不需要借口，企业需要的是结果。过程只是一种工作的行为，只有结果才会对企业的发展产生质的变化。进化理论告诉我们：适者生存，弱者淘汰，如果你不让自己强大，如果你不去吞噬弱者，就会被弱者吞噬，所以不断的进化是大自然经久不变的规律和天条，也是企业之间竞争的不变法规。

因为工作的原因我经常会受邀到各个企业进行演讲与培训，帮助企业解决一些实际存在的困难和问题，提供各种参考的建议和方法。许多企业总裁也都会向我咨询各种各样的管理问题。前段时间，一些企业总裁总会对我说自己公司的员工工作的积极性普遍不高，状态懒散且工作业绩和效果不突出，与员工进行多次的沟通以后，员工都表示在工作上没碰到什么实质性的麻烦和难题。但是通过观察和判断，员工确实出现了过于懒散和安于现状的表现。公司的各方面条件待遇也都不错，并没有让员工感觉到过大的压力和负担，那么问题到底出现在什么地方呢？

通过深入的了解和分析，我得出了结论：正是因为各位老板对手下员工太好了，让他们已经渐渐丧失了战斗的勇气和力气，他们惰性的滋长和蔓延偏偏就是由于老板的过分保护造成的，所以我建议要选择适当的方法让员工时刻感受到危机的存在，而不是一劳永逸的逍遥自在，不是敷衍对付就可以照例拿到薪水和福利，要让员工知道不好好工作就会面临被淘汰的命运，要努力迫使他们进化和成长，才能不断推动企业的发展和进步。

所以作为企业总裁想要在企业内部打造进化管理模式，就要强化团队思想，迫使员工进化，迫使员工进化的方式主要包括下面几种：

1. 岗位轮流制

中国有句古话：流水不腐，户枢不蠹。用这句话形容岗位轮流制在企业发展中的作用再贴切不过了。人和动物一样，在一个环境里面待得久了就会很自然的产生喜新厌旧的心理，而喜欢充满挑战与新鲜感的生活和工作。岗位轮流制的意思就是指员工在一定的时间段内，根据公司发展的需要以及自身成长与锻炼的需求，被调到另外一个部门或另外一个岗位进行工作。在一个岗位上做的久了，尤其是已经非常熟悉目前职位范围内的各项工作内容以后，员工便会不自觉地滋生出惰性与懒散的心理和状态，所以适时的根据公司需要对员工进行岗位的调换，不仅能够让员工产生新鲜感，激发工作的兴趣，同时还有利于全面人才的培养，为公司的人才梯度建设作出了贡献，在一定程度上解决了人才断层以及外招困难的问题。

2. 接班人培养

企业总裁要在日常工作中对中层以上管理人员灌输接班人培养意识，让员工重视到接班人培养的重要性与必要性，因为只有将其下属培养成接班人，自己才有晋升的机会，才有获得升迁的可能。这种层层支撑的人才梯度建设，不仅是企业面对危机的准备，同时也是公司对人才挖掘和培养的一种重要方式。没有任何人的岗位是不可替代的，每个人都拥有无限的潜力和无数的可能，所以只有常存危机意识，不断提升自我，更好地培养接班人，才能将自己推升到更加重要的位置。例如有一位部门经理休了三个月的产假，在她休假的这段时间内，她的助理代替她将部门的各项工作处理的井井有条，甚至有过之而无不及，而且三个月的离开，企业内部也发生了很多变化，是她需要重新了解和认知的，如今她看到这种情况，摆在她面前的其实也就只有两条路了，要么带领部门员工做出更大的业绩，要么卷铺盖走人，因为她的职位已经有人可以取代，最后她当然选择了留下来，且要将各项工作做的更加出色，因为这是一位优秀职业经理人的选择。

3. 绩效考核制

绩效考核制度目前已经被越来越多的企业所采用，并已很好的运用到了实际工作中。绩效考核制度是指从公司的发展目标、工作流程以及岗位职责出发，采用一定系统量化的考核标准，对员工一定时期内的工作完成情况、员工的职业规划发展情况以及工作职责履行的情况进行统一的评定，并将评定结果以一定形式反馈给员工的一种制度。绩效考核制度的运用能够在一定时间内对员工的整体工作效果进行评定，并根据评定效果给予工资待遇的不同，从而激发员工奋发努力的工作，不断强制性的提升自己的业务能力。

优胜劣汰才能打造强执行团队

团队的整体执行能力、工作效率以及工作质量往往决定着一个企业的整体发展水平和企业实力，所以作为企业总裁，一定要善于做团队的建设与培养工作，努力打造一支强执行团队。那么如何打造强执行团队呢？方法和途径有很多种，优胜劣汰的优选法则绝对是一项行之有效的必选方法。

张总是一家餐饮连锁企业的总裁，在多年的餐饮经营工作中，他积累了丰富的工作经验与管理经验，尤其是在团队建设方面，他总结了一套独特的运用价值极高且效果明显的方法和途径，即团队的优胜劣汰管理制度。

优胜劣汰本是大自然当中的生存现实与存在规律，如果想要获得生存就没有任何一个生物能够逃脱这样的竞争命运，其实人类也是如此，尤其是各方面经济高速发展和变化的时代，想要在社会上、公司里以及团队中争得自己的一席之地，实现自己的人生价值、获得他人的认可与尊重，就要加倍地努力，勤奋地工作，积极地思考和踏实地付出，才能在竞争中始终处于不败之地，才能在优胜劣汰的残酷竞争中获得胜利，赢得生存与发展。

在张总的企业中，员工们定期都要接受各种各样的提升培训，包括竞争力的培训、职场压力的培训、职业规划的培训以及危机意识的处理等相关培训。同时公司还会定期进行工作述职，要求经理级以上员工定期向公司领导进行本职工作的总结、计划与问题的阐述等。

每个季度还要对员工进行工作考核，通过每次述职与考核的结果对员工进行分类与评定，对于几乎每次都表现优秀的一类员工给予进一步的激励，以期创造更大的成绩，为公司带来更大的业绩。对于成绩较为优秀的二类员工进行进一步的引导和培训等相关方面的提升，促进员工进步，争取成为一类员工的标准。对于成绩屡次不够理想的三类员工，公司仍然不会放弃，会继续给予员工帮助和指导，但如果员工始终无法达到公司要求的话，最终的结果只能被企业淘汰，成为竞争中的失败者。

优胜劣汰原本是达尔文进化论的一个基本观点，意思是说大自然中的所有生物都始终遵循着一个基本的生存法则：生命力强的，能够适应外界竞争的生物才能够生存下来，适应力差的就是竞争力不够的生物势必遭到淘汰。团队的建设与打造也是一样的道理，团队是一个统一的有机整体，为了保证团队效率的提升与步伐的高效统一，团队中的每一名成员都要努力适应并达到团队的强化要求，怎么努力都达不到要求的成员势必要遭到淘汰，因为不能因为个人影响到集体的效率和步伐。例如团队中的优秀成员占60%，中等成员占30%，差等人员占10%，公司会关注并重用那60%，努力提升那30%，剩下的10%如无论如何也无法跟上团队的速度，按照优胜劣汰的竞争法则以及残酷的市场竞争，最终的命运只能是淘汰。如何才能公平地实现“优胜劣汰”，建议总裁这样做：

1. 引入竞争机制

想要造成强执行力团队，就要在公司的机制管理中引入竞争机制。竞争机制的引入和具体实施可以体现在以下几个方面：首先企业中的竞争机制可以体现到薪酬制度中的绩效考核部分，员工的工作可以设定为基本工资、岗位工资以及绩效工资，前两项可以说是基础不变的，但是绩效工作就要看个人的工作能力了，做得好的员工当然就会获得更高的绩效分数，从而在薪资上就体现获得更高的收入，员工的工作积极性也就很自然的被调动起来了；其次竞争机制还体现在职位的轮换与竞争方面，公司可定期在公司内部就岗位实施轮换工作制，或者就某一岗位进行公开的内部招聘，从而激发员工的上进心与竞争意识，不断提升员工能力和各方面素质。

2. 强化危机观念

市场的竞争环境是处于不断的变化之中的，企业可能随时都会面临这样那样的阻碍和困难，当困难来临的时候作为企业总裁及其企业员工应当如何积极的加以面对和阻挡是每个人都需要掌握的。所以员工在日常工作中应当增强危机意识，珍惜目前的工作岗位，经常反省和审视自己的工作态度和工作方法，提高工作技能和爱岗敬业的思想意识，不断增强工作的责任心和使命感，不断提高综合素质和工作水平，以适应企业不断发展的要求，应对可能出现的变化和危机。

3. 打造狼性团队

打造狼性团队就是要从狼的身上学习企业管理方面的相关知识，这对我们将是一个很好的借鉴，对于打造一个强执行力的团队也是十分必要的。过去我们常常存在“狼心狗肺”和“狼子野心”等说法，其实这是对狼的不了解，其实狼的身上有许多值得我们学习的性格。第一，扬长避短：狼其实也想当兽王，当它深知自己不是老虎，于是转做草原霸主，且它们在捕猎的时候，不达目标决不罢休，作为企业总裁也应当扬长避短，懂得关注；第二，齐心协力：狼在战斗中具有优秀的团队协作精神，为了达到共同的目标，它们可以牺牲自我而达到团队的利益；第三，法不容情：狼是群居动物，且是动物中最有纪律和秩序的族群，当头狼确定，其他狼都会严格服从头狼的指挥和分配；第四，卧薪尝胆：狼为了获得最终的胜利和更长远的利益，宁可选择长期的等待也不轻易出动。

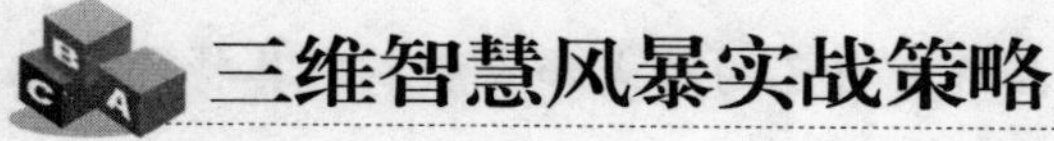

三维智慧风暴实战策略

输血：引进、融合、提升

作为企业的高级管理者与核心成员，必须深谙企业生存与发展的基本规律，必须具备应对“适者生存、优胜劣汰”规律下所有挑战与危机风险的管理头脑、管理知识与方法技能。如何积极有效地管理企业，使其在竞争激烈的市场大潮中稳操胜券、打败对手，坐上企业竞争中的胜者宝座，是现代经济管理学当中的必修课，没有人可以逃避这样的变化和物竞天择的规律安排，要么前进，要么退缩，每一位企业总裁都别无选择。

在企业壮大前行的过程中，尤其是在企业发展的初级阶段，作为管理者应当学会放低自我的姿态、打开发展的大门、走向开放的合作领域，善于并合理引进其他企业的先进科技成果、管理方法与技术人才，从而经过与本企业各项管理制度与现有方法的合并及融合，经过团队成员的吸收、提炼与升华，从而将各项有价值的信息、理论和资源进行全面的提升并充分运用到本企业的实际发展建设的工作当中，不断强化自我，走向发展快车道。

前不久我受某主办方的邀请前去参加一个名为“创新成果二十年”某领域的大型科技技术产品展销大会，展销会的规模很大，许多知名企业以及飞速发展的新兴企业都受到了邀请并设置了自己的展台，每家企业的展销品都有自己的特点和卖点，别具特色，不仅有本公司的相关工作人员在进行讲解演示，同时也吸引了非常多的消费者与合作加盟商的目光。

在快走出展销会大门的时候，一个熟悉的声音将我叫住，原来是某企业的总裁辛明辛总，他热情的和我打着招呼，并将我引荐到他的展台共同了解其公司的相关参展产品。说实话，来到辛总展台的时候，我有些吃惊，因为他所在的位置可以说是整个展销会中一个非常不错的位置，展台的设计与代表性展品的选择以及陈列摆放方式都很考究，其公司工作人员的精神状态与穿着打扮也是经过了精心的修饰，看来辛总是实实在在的有备而来，而且准备的十分充分。但是让人不解的是他的展台在热闹的展会当中真可谓门可罗雀、人烟稀少，驻足参观洽谈的人简直是寥寥无几。

为什么是如此的“惨淡经营”呢？我不解地向辛总问道：“我看贵公司准备的如此充分，看来不仅是有备而来，更是非常重视这次展会，敢问签得的销售意向订单应该不少吧？”

“实不相瞒，参加展会快三天了，还未曾拿到一个订单，不过我有信心，这些产品都是我们的公司团队自行研发的，是大家智慧的结晶，相信会得到消费者的认可的。别人的那些产品都是靠广告宣传打出市场的，产品也是缺乏自主研发，不是参照这个，就是参照那个，我不看好，呵呵，您觉的我的产品如何？”

听了辛总的话，我仔细参观察看了该公司的展示商品，并结合刚才了解的其他企业的商品，思考了良久后对辛总说道：“我确实想给您提点建议，不知道会不会多此一举呢？”

“您这是哪里话，请讲。”

“刚才我仔细看了下您公司的产品，又结合思考了其他公司的产品，我觉的贵公司的产品虽然走的是自主研发的道路，但无论是产品的性能、技术含量、整体质量还是在市场的需求设置以及宣传炒作等几大方面来看，都不见得有太大的竞争力。现在的市场发展迅速，人们的眼光也变得格外挑剔，您的产品应当更好地迎合大众的需要和市场的规律，否则就会被其他竞争对手所淘汰，就像今天的结果——您的产品几乎得不到人们的关注。”

辛总听后，思考了片刻，说道：“那您有什么好的建议和意见吗？我一定洗耳恭听。”

“我建议您改变发展思路，积极应对优胜劣汰的发展规律，从闭门造车中走出去，努力引进其他企业值得借鉴和学习的东西，从而丰富和武装自己，相信您的产品会得到消费者的最终认可的。”

“这次回去，我一定吸引教训，改变闭关自守的经营模式，学习吸收先进经验，争取在下次展会中多签几笔大单。”

1. 充分剖析自我管理，掌控企业发展现状，放低姿态了解学习先进企业的发展经验

企业总裁要学会企业的进化管理，努力面对优胜劣汰的市场发展规律和事实，首先就要学会审视自我、充分地剖析自我的管理方法与企业模式，在全面掌握了企业各方各面的情况与问题后，抓住企业亟待改善的几个大块，放低姿态，端正态度，努力向其他的优秀企业了解并学习各项发展的经验与心得，吸收各项先进的技术。

2. 全面分析企业需求，配对血型适当输血，合理引进创新科技发展模式与匹配人才

在经过充分的考察与学习调研之后，就要根据企业的实际需求以及其他企业的特点和建议，对本企业进行合理的输血，即将其他企业的先进经验和技术引进来，主要包括先进的技术、创新的发展模式、可参考的方式策略以及符合企业发展与经营思路的管理人才。

3. 输血成功吸收融合，取其精华去其糟粕，全面优化企业管理机制提升企业竞争实力

成功将各项先进技术与人才吸纳引进来以后，作为企业总裁不是简单地对其加以复制和套用，而是要结合公司的个性特点与实际情况，对其优秀的“外来资源”进行合理的融合、吸收、提炼与升华，使其真正变为自己的东西以及本企业的精华和宝贝，才能最终增加企业的竞争力和竞争砝码，推动企业赶超优秀企业，并在市场经济中立足脚跟，稳定发展与不断突破。

造血：成长、成才、成功

如果说企业在其发展的初期，不断的学习其他企业的先进经验和领先科技是发展前进的重中之重的话，那么在企业的发展中期，就绝对不允许还是一味的“拿来主义”与“吸收套用”了，而要将发展的眼光看得更加长远和广阔，即为了企业的最终突围，作为企业总裁应当努力拿出自己企业的真本事，晋级成为被其他企业学习和参照的标准和榜样。

输血作为企业发展初期的有效尝试与进步手法，在一定程度上帮助企业逐步走上了发展的正规化道路并有效打造了品牌知名度、扩大了影响力与消费市场，但是在企业的发展逐步走向深入以后，要想获得更加可持续的发展，就要展现自己的独门绝迹与专属绝活，即要努力创新出属于自己企业的亮点与卖点，这就需要企业要走入发展中的造血阶段。造血是一种不依靠外来帮助的自己具有的创造能力，这种能力别人无法真正拥有，只能向你购买复制与拷贝的权利，但最终的赢家还是你自己。

借着要对本市优秀企业及其优秀企业家进行评比工作的机会，我和同事对近20家企业的发展之路、发展情况与运作模式等进行了全面的了解、走访与沟通，从中了解到许多企业鲜为人知的发展故事，也认识和结交了更多的优秀企业家，重要的是了解到他们针对本企业的发展经验和心得体会，这不仅对其他正在成长中的企业是一个很好的借鉴，更是市场经济发展过程中值得收藏与宣扬的宝贵经验。

作为参与评比的PO公司总裁王成军先生，对于企业的管理与发展等就有着自己的一套理论和想法，且颇为值得其他企业的领导人和管理者学习借鉴。

如今的企业发展已不单单是一种独立的成长和前进了，而是要在途中面对许多不同的敌手和竞争对手，面对强者上、平者让、庸者下的发展现实，王总的建议和做法值得其他企业负责人参考和借鉴。

他认为，一个企业的发展要经过开创期、完善期和突破期，开创期也就是企业的发展初期，这个时候的企业还没有什么东西，所以需要输血，也就是要向其他企业学习、借鉴、融合与提升，从而先挤进市场的竞争，产品可能先不具备自己的特点，但起码符合消费者的基本需求，也就是和其他企业差不太多。完善期是最为重要也是最为艰难的一个时期，是一个企业自我发展与独立创造的时期，也就是所谓的造血期，通过不断挖掘自身的潜力，专注于打造自己的竞争优势，随着市场的变化而不断调整发展的策略，强化各项管理，关注顾客需求并有的放矢的创新产品，从而形成自我的赢利模式，才会助推企业的全面成功，企业有了自己的造血干细胞，还怕谁能抢了去吗？最后一个时期就是突破期，正所谓打江山容易守江山难，成功来了以后，不见得会一直成功下去，这个时候就要多回头检省自我发展中的方方面面，留下好的，去掉差的，记住一定要果断，只有适当淘汰，才会创造更好，这也就是所谓的换血期，通过考核、竞技和淘汰的过程达到企业发展中的完美。

那么对于企业的造血阶段，我的建议和王总也正好吻合，即如果用阶段性的三个词语概括的话，那就是成长、成才和成功，即全面成长，努力成才，最终成功。

1. 挖掘自身潜力，打造企业优势，调整策略促成长

企业进入快速发展阶段之后，要从学习其他企业的经验优势努力转向挖掘自身的各项特质与潜力，并将本企业的各种优势和潜力通过有效

的方法和途径打造成专属于企业自身的优势，跟随企业的实际情况与市场的变化方向调整自身的发展策略从而促进企业的全面成长。

2. 强化管理能力，打造赢利模式，抓住机遇助成才

作为企业总裁在助推企业成才的过程中应当努力强化各项管理能力，丰富自己的管理才干，与团队成员共同分析和探索，并最终打造适合于企业发展的赢利模式，按照模式的各阶段要求进行一步步有条不紊的推进和实施，才能最终走向企业的全面成才之路。

3. 关注顾客需求，改变创新产品，全面开花得成功

顾客的需要永远是市场的风向标，更是企业的发展动力与前进方向，如何将顾客的实际需求最终转化为企业的价值与利润，就要从改革创新企业的产品做起，用良好的产品打开市场的大门，从而满足顾客的需要，才能最终实现利润所得，也就使得企业的各项发展全面开发走向成功的顶峰。

换血：考核、竞技、淘汰

企业的发展之路从来都不是一马平川、一帆风顺的，而时常是荆棘丛生，坎坷牵绊。因为外在的发展环境、市场的随时变化以及竞争对手的出其不意总是像一颗颗随时会引爆的炸弹，埋伏在前进道路中的某个角落里，让企业的发展之路走得异常小心翼翼、胆战心惊，让企业的管理者始终保持着精神的高度紧张与思维的扩展跳跃。在变幻莫测的市场经济中，很少有哪一家企业可以让成功的旗帜数十年如一日的飘荡在企业的上空，企业的成功总要面对不断的变化与调整、考核与竞技，从而不断地优胜劣汰以保证企业的发展平衡，维持成功的寿命。

每一个成功或成功过的企业都在所难免的要走入发展的“换血期”，所谓的换血是指企业取得阶段性的成功与发展之后，为了维持良好的发展势头，稳定目前的发展态势，同时也为了进一步提升和完善企业的各项管理，使企业在各方面能够更上一层楼，企业内部必须经历阶段性的考核、竞技与相应的淘汰，才能有效确保企业的良性发展并更好地应对外在市场与环境的变化。

在某市第一届优秀企业及其优秀企业家评比大会上，共有十家企业及其企业家在众多的竞争对手中脱颖而出获得了此项殊荣。作为颁奖嘉宾我很荣幸的将手中的这份荣誉颁给了KL公司及其总裁刘伟先生，隆重热烈的颁奖活动结束之后，盛大的晚宴随即徐徐拉开了大幕，在晚宴进行当中我与刚刚获奖的刘伟总裁碰了面，并有幸进行了一场短暂的畅聊。

“恭喜，刘总，在竞争如此激烈的对手之中，您还是拔得头筹，真是不简单，向您表示由衷的祝贺！”我首先向刘总祝贺道。

“多谢，企业获得的荣誉是团队中每个成员共同努力的结果，我只是作为一名代领嘉宾，也就是说我是代表企业上万的员工来领这份殊荣和奖项的。”

“刘总这是太谦虚了，我知道贵公司今年创造了近百亿的利润产值，为国家的税收工作也画上了重重的一笔，确实值得祝贺。敢问刘总对于企业下一步的发展有何计划和打算呢?”

“公司经过多年的发展与拼搏确实取得了一定的成绩，最重要的是为顾客创造了价值，为企业创造了利润，为员工创造了发展，为国家作出了贡献，但是我深知，今天的成功不代表以后会得到持续的成功，如果我们稍微一放松、一走神，就会被竞争对手赶超过去。就像今天的评比与颁奖活动，您看下面坐了多少家企业，凝聚了多少企业家睿智的目光。我相信他们只是因为某些原因没能在今天的竞争中脱颖而出，但我的直觉告诉我，这些企业回头就会发展得更加迅猛来赶超我们。如果今天回去我们就开心自得地享受胜利的美好，如果我们从此陷入回忆与胜利的回忆之中停滞不前，那最终结果就会被淘汰，被挤出竞争的市场，到那个时候，就什么都晚了，什么都来不及了，也什么都没得玩了。”

“有道理，我个人认为企业要想保持可持续的成功，势必要在企业的运作当中引入危机意识与竞争机制，只有这样才能激发员工的斗志与不断攀登的劲头，我认为可以在企业内部建议一整套完善的考核管理机制，对员工进行定期的考核，并经常性地组织一些竞赛和竞技活动，通过比赛的结果提拔一些优秀的人才，淘汰掉不合格的，甚至会阻碍企业发展和前进的员工，留下来的员工都是经过千锤百炼和精心打造的优秀人才，加上人才是促使企业不断发展的最终因素和有力砝码，企业的持续成功相信就在眼前了。”

没想到我的想法也正是刘总计划下一步要在公司内实施的一系列举措，相信好的想法一定会在现实中得到良好而充分的印证。

1. 定期组织考核，完善考核机制，选拔优秀人才

企业应当完善内部的考核机制与相关的考核制度，定期在公司内部组织不同内容的考核活动，定期开展员工述职与评比，积极号召并鼓励员工参加企业内部岗位竞争，增强员工的竞争意识与危机意识，从而选拔出企业的优秀人才，过滤掉不适合或自身无法适合企业发展的员工。

2. 开展竞技活动，提高技术等级，强化员工素质

员工活动的组织与实施是企业发展与管理工作中的重要一笔，如果能够适当或定期地组织开展一些竞技与竞赛活动，不仅能够丰富员工生活，促进团队的融洽关系与和谐气氛，更重要的是能为管理者更好地选拔人才提供必要的帮助与参考。通过竞技活动的开展，员工的管理能力与技术等级也会得到相应的锻炼与提升，从而强化了员工的整体素质。

3. 强化危机意识，倡导优胜劣汰，蓬勃企业生命

企业是一个与外界环境有着千丝万缕关系的开放系统，其发展与经营的相关活动总会受到外界因素的影响与制约，所以诸多的不可预知的关系与因素使企业不可避免的面临各种可能存在与发生的危机，如何更好的树立危机意识，如何有效的面对危机与化解危机，是每一位企业总裁，更是每一名企业员工需要掌握的能力与技巧。所以企业要不断地通过各种有效措施和办法强化员工的危机意识，灌输优胜劣汰的生存规律，让员工不断增强抵御外界刺激的能力，学习掌握更多的抵御方法，从而使企业成功发展的生命愈加蓬勃的旺盛下去。

总裁密码

第10章

八段总裁：做战略，天人合一撬动市场

八段韬略分析

要想使企业获得战略性的成功，就不要永远寄希望于政府的支持、资金的强大、市场的机会以及所谓的高新技术，而是要关注长远性的客户价值以及团队整体执行的方向和力度。所谓的时势造英雄，而非英雄造时势，说的就是战略的重要性，企业总裁要将战略的起点与归宿定为独特的客户价值，建立持续竞争优势与核心竞争力，坚持从最差的结果出发，努力建立低标准的、团队可以适应的长效赢利模式，带领团队实现各个阶段的战略目标，并高瞻远瞩明确方向地坚持做到极致。

作为全球知名的百货零售行业的巨头，由美国零售业的传奇人物山姆·沃尔顿创立的沃尔玛公司在其长达近半个世纪的企业运营管理工作中，对于企业发展战略的整体思考、制订与一步步脚踏实地的实施和推进，总是能够在客户与顾客之间保持一种稳定持续的平衡，并在战略实施的过程中充分注重双方需求与利益的实现，这种坚持和不动摇也总能得到业界人士的广泛好评与交口称赞。

2000年，李·斯科特出任沃尔玛全球总裁兼首席执行官，在他执政掌权的过程中，沃尔玛的发展战略在全球各地都保持着一贯的行事风格与优良传统。自从1996年沃尔玛强势进入中国市场以来，专注开好每一家店，服务好每一名顾客，始终坚持为顾客提供优质平价、品类齐全的商品以及友善的服务，成为了沃尔玛关注独特客户价值发展战略的最好体现。同时李·斯科特在进行战略推行时不仅十分专注客户需求，还充分考虑到当地零售行业与货品供应商的发展与利益，例如沃尔玛在中国每开一家店铺的时候，都会将自己的零售理念与当地的零售业发展的观念和思维进行充分的融合，从而在激发有效竞争的同时进一步刺激当地零售行业的整体发展水平和服务质量，从而达到共进共赢。

企业要发展，首先就要制订适合企业发展的有效战略，李·斯科特所坚持并一贯推行的沃尔玛的企业发展战略，让我们看到了世界知名大企业的眼界高度与思维宽度。作为总裁，面对企业发展战略的制订，只有站在一定的眼界高度，明确企业的前进方向，才能将战略转化为撬动市场的有力杠杆，从而逐步走向成功。

企业发展不能只见树木不见森林

企业的发展战略是指企业根据外部环境的变化、自身的材料资源以及现实情况所制订的适合企业长期发展的经营策略与发展方针，并形成自己产品与业务的核心竞争力，从而通过这种个性的独有的竞争力在市场竞争中取胜。企业的发展战略是对企业基本性、长期性与整体性、全局性的问题的各项计划与谋略，企业战略的制订及良好的执行能力对于企业更好的完成各项业务的开展工作和长期性的发展创新规划具有极其重要的意义。

随着世界经济全球化与一体化进程的逐步加快与随之而来的国际竞争之间的日益加剧，企业发展战略的制订及其实施的效果也被摆在了越来越重要的位置，战略制订的好坏与实施反馈的效果不仅影响着企业未来的发展命运，甚至关系到企业的生死存亡。企业战略具有明显的六大特征，也是企业总裁在进行战略制订的时候务必要进行考虑和斟酌的，即竞争性、指导性、长远性、全局性与系统风险性。对于企业总裁来说，每一项特征的利害关系都可能影响到战略的具体实施及其收益的效果，牵一发而动全身，所以六大特征都要给予严格重视，缺一不可，其中，战略的全局性是须首要注意的关键一点。

企业战略的制订和实施的前提是一定要站在全局性的高度，不能只见树木不见森林，如果只是盯住眼前的这一块发展利益，只是看到事物的一部分，那么所制订出的企业发展战略必定是不完备的，是缺乏统一性与完整性的，所以战略的制订务必要以全局的高度为基础。正所谓站得高才能望得远，视线要放远，眼界要放宽，如此才能将企业的方方面面一览无余的尽收自己的眼中，从而进行全方位多角度的思考与统筹，制订出相对适宜的企业发展战略。

W公司是一家以经营并销售各品牌体育运动服装与用品的大型公司，公司总裁陈总在多年企业经营与战略规划的管理方面具有丰富的实战经验和独到的眼界。五年前，W公司的各项经营业务都已开展的风生水起，且风头正劲，这不仅得益于企业员工与团队的共同努力和夜以继日的勤奋工作，更重要的是得益于以陈总为领导的企业领导班子对企业发展战略的准确制订与坚持不懈的发展实施，所以企业的整体发展规模不断扩大，利润所得也日渐明显。但在五年后的今天，当其他竞争对手依然将发展战略的眼光放在运动休闲用品的经营与销售的时候，当大街上的男女老少依然普遍穿着运动休闲服装的时候，陈总却在这其中发现了新的闪光点和利益点。这种想法也直接影响到了W公司下一阶段企业发展战略的制订工作。

近年来，由于人们普遍被唤醒了对健康的强烈追求和重视意识，运动逐渐成为了人们空闲时间普遍选择的一项爱好，许多类似攀登、攀岩、徒步与滑雪等户外体验与极限挑战运动也逐渐在国内生了根并开了花，同时随着各种各样户外运动的逐步风靡与流行，各种专业的户外服装与带有科技性的户外用品渐渐受到了人们的追捧，无论是真正用于运动时的穿着，还是日常穿着，专业户外运动服装都渐渐成为了人们新的服装宠儿，甚至许多高端人士与身份地位较高的人士都以穿着户外服装以及鞋品配件而感到骄傲与自豪，因为穿上它们似乎已经是一种身份、地位与品位的象征。虽然这种潮流目前还没有更加大范围的传播到国内市场，但是陈总似乎已经看到其未来全局性的发展势头与其所带来的巨大商机和利益。

陈总想在公司代理多个国际户外运动品牌的想法一开始并没有获得公司内部其他核心员工的支持，因为他们认为目前运动休闲做得好好的，户外在中国还未曾广泛兴起，会有市场吗？再说户外产品的进货价已经很高了，想要赚取利润，就要抬高销售价，那么如此高的价格会有很好的销售市场吗？诸如此类问题，陈总从全局的角度、长远的利益方面以及未来的产业链方向向各位详细阐述了制订如此战略的原因，最终大家被他的分析和想法折服了。公司也在其新的战略模式的推行下，开始了全新的发现与扩张之旅。

1. 战略制订要着眼于全局和未来

企业总裁在进行战略制订的时候最重要的出发点之一，便是要抛弃只见树木不见森林的片面、局部的原则，而要站在一定的高度，将眼光放宽放远，着眼于战略的全局与未来。因为企业的发展战略是一种长期性、稳定性的谋划与策略，不允许在短期内反复变化或修改，战略的实施也必须经得起时间与市场的双重考验，才能为企业带来最终的效益，所以战略的制订也需要企业总裁能够预见企业未来的发展之路以及长远性的发展规划。

2. 战略的实施应当坚持长期不懈

企业发展战略在制订出来以后，就需要组织内部的所有成员毫无任何借口地给予长期不懈的坚持实施，按照一步步的战略要求和方向的指引，认真将各项工作落到实处。因为战略只有真正运用到实际的工作中去，才能发现是否与公司的各方面实际发展情况相匹配，从而对可能出现的问题进行及时的总结与处理，以便于战略的更好实施。企业所制订的每个时期的发展战略一般持续发生作用的时间都较长，在一定时间内是不会变化的，除了一些细节的改动与优化。战略作为一项大的框架和工程，只有在相对较长时间内才能起到影响企业全局的效果，所以战略的实施应当坚持长期不懈。

方向不对，努力白费

正确的选择与制订企业的战略发展方向是有效保障企业持续化发展与基业常青的重要基础，是决定企业未来发展的方针与目标，甚至直接关系到企业的生死存亡，作为企业总裁对于战略方向的制订一定要投入多方面的思考与考察，要在对企业的各个方面与未来市场的整体状况进行充分详细的分析的基础之上进行制订，否则如果战略方向错误，企业的所有努力都有可能付之一炬。比如目前在空调市场上站稳脚跟的格力空调因为始终坚持走专业化科技化的发展战略，在竞争激烈的空调市场当中，便牢牢地树立了品牌，不断地做大做强；而曾经叱咤空调市场多年的基础更为牢固的春兰空调，却因为在20世纪90年代发展最为迅猛的时期，开始走多元化的发展道路，最终导致企业持续亏损，去年更是被上交所停牌。类似这种由于战略方向选择的错误，导致企业走向衰败或灭亡的例子还有很多，所以一定要吸取教训，高度重视战略方向的规划与设计制订工作。

战略的制订一定要考虑到企业当前和未来发展方向的问题，如果首先在方向上面出现了偏差，那么后续的工作例如战略的制订、战略的完善以及战略的实施等就会全部错了套路，乱了阵脚。关于战略方向的制订主要是基于对企业业务、产品以及目标市场的多方面、多角度的思考与分析，不仅要考虑到当前的市场的需要与产品受众问题，更要在一定时期内对市场需要程度与饱和度方面进行分析，因为企业的发展战略在确定之后的一定时期内是不应当做出任意的调整和改变的，否则所带来的结果将是牵一发而动全身，在战略方向这个大基调确定之后，后续的工作例如产品的包装与推广、策划的新颖与独特性以及企业团队作用的发挥等将会成为一个合力的整体，发挥最大的效果达成企业发展的阶段性目标。

李总是当地一家较为知名的保健品生产与销售公司的总裁，该公司一直以生产熊胆制品以及中老年保健品为主要的产品类型，并在市场上获得了疗效与口碑，公司的生意也一直发展得较为稳健且不断攀升。2008 年以后，由于经济的下滑以及市场整体需求的紧缩与饱和，李总的公司也受到了一定的影响，于是，在公司下一阶段的战略调整工作的制订方面，李总必须做出选择，那就是在熊胆制品和中老年保健品之间选择留下一个放弃一个，二者共存的局面已经难以维持。

经过分析和商议，李总坚持选择保留熊胆制品的生意，放弃中老年保健品的市场。因为李总认为选择熊胆制品的原因之一是公司是从这里起步的，在这方面有更多的经验和方法，同时销售店面以及经销商、国内供应商也都维护得很好。另外熊胆制品的利润较高，将有利于企业效益的提升，在效益达到一定程度的时候，再继续将中老年保健品启动也为时不晚。

但是，让李总没有想到的是，随着社会的发展，人们的环保意识逐渐增强，尤其是公益活动的大力推广，人们普遍认识到熊胆提取过程的残忍以及活体采集方式对熊的伤害和造成的痛苦，熊胆制品的生意渐渐难以在市场上立足，产品的大量积压让库存的消化成了让其非常头痛的问题。而这个时候，中老年保健品的生意却异常红火起来，因为随着人们生活水平的提高，高血压、糖尿病等心脑血管，内分泌方面疾病的中老年患者逐渐增多，越来越多的中老年人群开始格外重视自身的保健，对相关保健品的需求也在大幅度提升。而这个时候，由于企业战略方向的错误制订，保健品早已停产，以前积累的这方面的好口碑也早已随着产品的消失渐渐烟消云散了，此时剩下的只是大量熊胆制品的积压库存无处倾销。

由此可见，企业战略方向的制订务必选对方向，只有方向正确，才可能带来效益，否则走入相反的方向，只会让企业的利益也同样背道而驰。

1. 明确战略方向，应对产品进行准确分析和定位

明确企业的发展战略方向，作为企业总裁首先应当对本企业的输出产品或业务进行整体的分析和定位。例如如果输出的是产品，就要对该产品的应用范围、价格区位、主要功用、包含的主要成分做出明确的了解与确定，对产品的性能和可能带来的后果进行认真的检测，同时要对产品进行市场定位，例如该产品在市场上的同类产品中是处于低端、中端还是高端。

2. 明确战略方向，应对目标市场进行细节考量

明确企业的发展战略方向，作为企业总裁还要对目标市场进行细节的考量。什么是目标市场，就是本企业所生产的产品或服务所适宜其转化为经济效益或利润的市场范围。企业的产品最终需要投放到市场以换取利润，那么什么样的产品需要什么样的市场，或者说什么样的市场可以更好的销售此类产品，是企业总裁在制订战略方向时需考虑的问题之一。例如同样是家庭型轿车，价格在 5 万 ~8 万元的其目标市场一般是工薪阶层或白领阶层或普通的上班族；而价格在 30 万～100 万元之间的其目标市场可能就是企业老板、私营业主或是其他高端人士等人群。

3. 明确战略方向，应对目标顾客群体进行锁定

明确企业的发展战略方向，作为企业总裁还要对目标顾客群体进行锁定，产品只有赢得消费者的认可和购买，才能最终转化为效益，所以"顾客是上帝"这句话一点不假，企业所生产的产品一定要符合一定范围内顾客的实际需求，例如同样是生产保健品，有的保健品只是针对中老年的男性，有的保健品只是针对中老年的女性，而有的却是男女均可，所以根据产品的性质和功能对产品进行目标顾客群的锁定和区分，不仅有利于扩大市场，同时也保证了顾客也就是消费者的利益。

核心：产品要贵气

做战略就是做市场，做市场就要靠产品，企业管理与赢利的核心靠的也正是企业的产品，所以作为企业总裁应当多在产品方面下足工夫，因为产品直接代表着企业的形象与实力，也代表着企业在市场上所占的实际份额。

企业如何依靠产品更胜一筹或者在市场上占有一席之地呢？首要的

核心就是所生产的产品要呈现给消费者一种贵气的感觉，所谓的贵气指得不是价格有多贵，而是产品给顾客的整体感觉方面，其主要就体现在产品的包装、产品的质量性能以及产品的售后服务三大方面。

Lee是一家知名的手机制造与销售公司的总裁，其手机的生产方向为高端商务人士所用款型，在进行企业第二季度的发展战略方向的制订工作中，Lee将战略的出发点首先放到了产品的定位方面。他始终认为并坚信，企业要想在竞争激烈的市场中打败对手，获得胜利，最终依靠的就是产品，产品是企业总裁以及企业最好的代言人，产品的定位一定要体现出贵气，即一定要在产品的包装、质量以及售后方面做足工夫。

Lee公司的高端商务手机就很好地印证了以上三个方面的要求。首先，手机在包装方面让人感觉非常奢华，同时兼具高端人士讲求低调与内敛的要求，让手机的整体包装呈现出一种低调的华丽与内敛的锋芒，非常适合作为礼物赠送，既让送礼一方感觉有面子，也让收礼一方感觉体面实用。其次是产品的质量性能，质量是企业的生命，所以该公司的手机每一个在出厂之前都经过了数遍的严格检测，并将可能带来的故障降到最低，发生的概率几乎为零，所以较好地保证了产品的质量和性能。最后是产品的售后，售后是一条龙服务的最后一个环节，也是较为重要的一个环节，如今的消费顾客，在购买产品的时候不仅看重产品的包装以及产品的实际质量，对于产品购买过程中所受到的服务也是存在诸多要求。该公司的手机在售出一个月之内可以全额退款或免费调货，产品售出后将随机附带一个联系卡，这张联系卡上面不仅有总公司的投诉电话、总裁信箱，还有当地经销店的地址、联系电话以及负责人电话、客服部电话，而且电话都是24小时开通的。

正是因为Lee的公司做好了该手机也就是产品的包装、质量以及售后这三点，很好的满足了消费者的需求和购买心理，所以该公司的市场份额占有比率逐年提升，公司的整体经济效益也是芝麻开花节节高。

1. 产品要贵气，包装要先行

产品要体现贵气，包装是首先需要重视的一点。产品的包装有三个最基本的功能，首先具有保护功能，这也是包装的最基本功能，即使商品在未销售之前不受到外力的损害与污染。一件商品往往要经过多次的流通才能进入到商场的柜台，进而走进百姓的生活。在这期间，如果包装不合格，很可能受到许多外因的影响造成损坏甚或无法销售，导致不必要的损失，这些外力主要包括细菌、空气、光线、外力的挤压和撞击等。所以在进行产品外包装之前，一定要对外包装的材料和结构进行斟酌，保证商品在流通过程中的安全。其次具有便利功能，也就是要考虑到商品的携带、使用和存放等。作为企业一定要以“人”为本，要站在顾客的立场思考问题，这样不仅能够拉近顾客与企业之间的距离，同时也能够更加仔细地洞察顾客的需求。最后就是产品的销售功能，人们常说，酒香不怕巷子深，但在市场竞争日益激烈的今天，单靠产品的质量和价格是很难取胜的，产品独特且吸引人的包装也是非常重要的一个方面。

2. 产品要贵气，质量是保证

产品的质量是产品的生命，更是企业的生命，所以作为企业总裁一定要高度重视产品的质量。现如今，各大企业多数都惨遭信誉危机，产品的质量问题更是让广大顾客和消费者们胆战心惊，食品安全问题已经成为了人们茶余饭后的重点讨论话题，在这一关键点上，作为企业，更应当在产品的质量问题上做好严格的把关与认真的督察，争取不让一个劣质产品流入市场，在保证顾客利益的同时，也为企业赢得信誉。

3. 产品要贵气，售后为保障

售后服务，作为现代市场营销学中的一个重要概念，在市场竞争日益激烈的今天，也是企业制胜的重要法宝之一。当许多同行业产品发展到一定阶段和程度的时候，产品的质量、性能、技术、科技含量以及价格等相差不大的情况下，售后服务的差异性越来越成为企业获得市场认可和优势地位的重要保证和尖锐利器。例如某著名家电品牌的售后服务就做得非常到位，他们始终持之以恒的坚持“精细化、星服务”的售后承诺，每台机器在售出以后，都实行24小时跟踪服务，安装时工人都会自行佩戴鞋套进入顾客家中进行免费安装，同时安装后帮顾客做好调试并进行安装区域的卫生清扫与清洁，确保不给顾客留下麻烦和垃圾。同时他们还坚持每月两次回访，让顾客感受到企业售后工作的贴心与细心。

魔力：策划要大气

做战略除了做产品，要在产品的包装、质量、性能以及售后服务方面下足工夫以外，还要对产品进行有效的营销策划与推广工作。良好的营销策划与市场推广工作不仅有助于产品形象的提升与塑造，直接打开市场提高产品的销售额度，从而为企业带来巨大的经济效益。

这个时代是一个需要善于推销与宣传自我的时代，产品的质量虽然好，但是如果企业不懂得运用一定的方法与技巧宣传和推广自己的产品，想要获得良好的销售业绩是非常困难的，所以很多企业也都将市场部或营销策划部放到了企业部门规划与设置中的重要位置。

在外训工作中，我认识了一位专门做代理户外品牌服装公司的总裁张总，虽然该企业并不开发生产自己的品牌，而是以代理世界大品牌为主，但是由于他的良好运行与管理，加之与世界各大知名户外品牌公司的融洽关系，让他的企业在本市甚至本省都已拥有一定的知名度和影响力。在张总的努力下该企业完成了一次重要的合作洽谈，即某世界知名的体育运动品牌的全球首家户外用品店将在该公司落户，为了做好店面开业与品牌的宣传工作，张总号召公司市场营销部与企业策划部强强联合，配合品牌公司共同做好品牌店的策划宣传工作。

经过市场调研、品牌分析等一系列工作的开展，户外店的整体推广工作已形成日程方案。该店面开业的整体策划工作包括前期在公交车、电视、广播、出租车广告等媒体进行宣传广告造势，公司内部在企业官方网站、官方微博、官方博客以及企业刊物上进行多角度、多图片以及多渠道的宣传，并获得了良好的预热效果，同时还在该公司旗下各店面的店内张贴宣传海报。开业当天，除了邀请了世界级知名的户外运动选手进行活动宣传，同时还上演了许多精彩有趣、紧张刺激的活动，剪彩仪式也安排的别具匠心，让人难忘，经过一系列的策划宣传工作，该店的销售成绩一直保持得较为理想，也获得了品牌公司的认可和关注。

营销工作从字面上来看我们可以将其分为“营”和“销”两部分。

“营”指的是经营也就是前期的相关市场工作；“销”指的是销售也就是后期市场渠道的开发建设与实际的销售工作。产品整体的营销策划是整个市场部的工作重心，作为企业总裁要对此引起高度的重视，其工作的具体要求为研究市场及行业动态，产品的卖点策划、品牌策划、促销方式策划、销售活动策划等。

那么，一个完美的策划案主要包括哪几个方面的内容呢?

1. 产品策划

就是要对企业产品的相关特点以及产品线的卖点进行细节的梳理和提炼，找出与市场同行业产品相区别的卖点，并将其发掘策划为自己的优势，灌输到相关的策划软文、通稿、促销活动等宣传方式中，以期在市场中占有一席之地。同时在发掘与塑造产品卖点与概念的同时，必须有相关完备的理论或数据作为支撑和证据，不可随意捏造或是凭空想象，否则会对消费者造成误导，容易使消费者感到受到了欺骗，从而对产品失去信心，那么失去了消费者的产品也终将被市场所淘汰。例如在宣称自己的产品是升级更新的二代产品的时候，一定要让顾客了解一代产品的特点，以及与二代产品的区别；再比如有的企业宣称自己的产品是如今市场中此类产品中的最新产品，那新在何处。诸如此类，一定要让顾客明晰和了解，才有助于策划活动的成功。

2. 促销策划

关于宣传策划方面，一定要考虑到促销的形式和方法是否较市场上同类商品具有创新与独具一格的优势；促销的主题是否符合产品的宣传特点以及品牌的推广语和广告语；促销的整体活动是否将具有一定的吸引力，是否会容易引起社会上的普遍关注，诸如以上的相关问题都是促销策划需要注意的常见问题。

3. 品牌策划

首先需要深入而全面的对外部市场的大环境进行考察与调研，对企业品牌的自身特点、品牌卖点以及对同行业品牌、目标客户群等都要进行深入的了解与分析；对品牌目前的现状进行深入的分析与系统的梳理，找出企业品牌发展的内部核心问题；同时对之前多年的品牌策划战略进行总结，从中提炼值得吸收的精华与经验，完善产品的策划推广与战略规划，确定品牌定位、明晰品牌结构、树立品牌形象并完善品牌诉求。

4. 活动策划

活动策划就是在做好市场调研的前提之下，着重分析消费者的心理与购买需要，从而策划并组织实施一系列开业活动、促销活动等。活动的形式安排不仅要彰显活动的主题，还要具有一定的创新和新奇的感觉，争取做到让顾客铭记在心、过目不忘，才算是真正达到了活动的效果，从而提高企业的市场知名度与产品的销售额。

关键：团队要士气

战略需要人去制订，但是如果仅仅依靠企业总裁一个人的能力与智慧是无法制订出最佳战略方案的，而是需要集合团队所有成员的力量与思想，经过提炼和融合最终形成一套完整的适合企业发展与长期规划的发展战略。

前几天受PT公司的邀请为该公司经理级以上人员做了一次有关战略规划方面的提升培训。在讲到进行战略制订工作组织员工所扮演的角色这一问题时，大家都讨论的比较热烈，参与性也很高。有人说："战略的制订其实是公司所有员工思想与观点的大集合与大汇总，没有员工的积极参与和整体团队的互动，战略的制订是很难在市场中获得认可的。"还有员工说："是啊，没错，战略的制订不仅要求团队的集体参与和献计献策，更重要的是战略策划的团队应当充满干劲与朝气，一个团队的士气是相当重要的，作为企业的掌舵者，也理应关注到员工在士气方面的塑造与提升。"还有的伙伴说："团队的成员虽然已经有了士气与思想，但最重要的还是要统一在企业总裁的领导之下，认识到目前企业战略目标设定的具体要求和方法技巧，使团队成员充满企业的归属感与向心力，心往一处想、劲往一处使、拧成一股绳，才能产生强大的合力。"

员工们对战略制订与团队成员之间的相互关系与相互作用讨论的异常激烈，阐述的也十分准确到位。在培训即将接近尾声的时候，我对本堂培训课所讲授的战略制订的相关知识以及员工们的发言进行了简要的总结和分析："首先，非常荣幸也非常开心能够与大家共同完成这次有关战略规划方面的提升培训，大家的踊跃参与和发言也让我学到了很多东西，也和大家一样受益匪浅。没错，在企业的发展之路上，无论是战略的制订还是战略的实施都离不开企业的团队，以及团队的所有骨干成员。战略制订与实施的关键便是团队，如何使我们的团队充满力气和斗志，拥有无限的动力与强大的实力，是我们所有成员需要亟待思考和实施的重要工作。”

“我认为如果希望团队充满力气，就需要首先重视团队的建设工作，想方设法的使团队充满凝聚力、加强团队成员之间的合作意识并提升团队的战斗士气，还有一点需要注意的是，务必要处理好团队成员之间的人际关系，总之希望我们企业的战略团队能够成为一支铁打的团队，为企业战略的制订与更好的实施贡献力量。”

战略制订的团队应当是公司的精英团队与骨干力量，是影响企业核心竞争力与企业实力的一线管理人员与组织决策者，这样的一个战略团队应时刻充满士气与战斗力，要时刻保持清醒的头脑和敏捷的思维，要保持积极旺盛的生命力与思考力，最重要的是需要对公司的各项工作、业务范围、产品情况、市场现状以及发展前途等有明确的认识与准确的分析，同时整个团队要保持稳定协调的统一步伐，团队的所有成员要在企业总裁的领导下向着企业未来发展的一个方向看齐并为之持之以恒地加以努力，才有利于企业战略的制订以及良好的实施，以保证企业发展的稳步向前和不断进步，具体体现为：

1. 团队要有凝聚力

团队的凝聚力是针对团队与团队成员之间的关系而言的，团队的凝聚力指的是团队中所有成员对集体的强烈的归属感和向心力，这种凝聚力的发挥使团队的每个成员都能够将自己的发展命运与团队紧紧联系在一起，每个人都能感受到自己就是团队中的一分子，将个人价值的实现与团队价值的实现紧密联系在一起，为团队始终保持高度的忠诚与虔诚的信仰，为团队的成功感到高兴，为团队的命运感到担忧，这就是团队良好凝聚力的最好体现。

在企业的战略发展中，团队及其所有成员要努力发挥凝聚力的积极作用和正面影响，不断增强员工的凝聚力，不断增强集体的凝聚力，即第一，企业领导要积极地引导员工，让员工愿意并敢于表达自己的意见和想法，积极参与战略的制订并出谋划策；第二，建立良好的信息沟通与传递机制和渠道，让员工有机会向领导表达个人想法，互通信息，共享资源；第三，建立健全奖励与激励机制，对团队的奖励有利于增强团队的凝聚力，使员工充分感到团队的力量和所产生的价值。对员工个人的奖励能够增强彼此之间的竞争力，也很容易造成个人骄傲自大与自满膨胀，所以在实施激励与奖励措施的同时，要在承认个人能力的基础之上对整个团队进行奖励。

2. 团队成员要具备合作意识

团队合作意识的体现是团队中所表现出来的协作互助的积极态度与融洽关系，团队成员之间应当做到互利互信、互帮互爱、互相尊重、宽容待人、尊重个性以及同舟共济；成员之间要形成一种相互信任的关系，恪守承诺、待人真诚，共同分享利益与成果，共同接受挑战面对困难，这才是良好合作意识的最佳表现。

良好合作意识的培养是高效率团队构成的重要组成部分，所以企业要想顺利推行发展战略，必须努力建立一支具有良好合作意识的团队。首先，要在团队内部营造和谐融洽的工作气氛，使团队中的每名成员都能够受到这种气氛潜移默化的影响和推动，从而在不知不觉中提高合作的意愿；其次，企业总裁等领导者要积极鼓励团队合作，因为每位领导者都希望消除团队中的分歧，达成团队的共识，从而使整个团队融为一体；再次，要制订合理的规章制度与合作规范，机制的运用能够强制员工的执行力度，有了机制和制度，才能保证员工更好的予以实行和遵守，但是一定要注意采取公平的原则；最后，强调长远利益保持长远关系，企业领导者要让大家看到团队的成长力量，使大家坚信团队可以实现既定目标，从而放弃个人利益的计较，共同努力实现团队的长远利益，而保持长远关系就是要开展各种各样的活动，丰富团队生活。

3. 团队要有士气

团队士气的培养至关重要，因为它是良好团队精神的重要体现，士气的高低将直接影响团队的工作效率与业绩的达成。作为企业总裁要善于提升团队的士气，即要合理分配团队利益，公平公正的开展各项工作；充分发挥员工的特长和爱好，使员工爱上工作，对工作产生兴趣与新鲜感；营造和谐的内部环境并保持良好的内部沟通，就是要打造新任、和谐、宽容、体谅与分享的人际关系并加强团队成员之间的有效沟通。

总裁密码

第11章

九段总裁：做未来，经营人才方能赢天下

九段韬略分析

企业如果想要获得长足的发展和进步，作为企业的总裁就应当面向更广阔的未来去经营和管理自己的企业。首先要建立战略运营体系，选好梯队的接班人，为企业打好常青的基业，为公司延续发展与精神；其次做强企业，就要做好未来，关注未来，便要学会经营人才，只有给予人才更多的关注和更大的发展空间，企业的未来才有可能提升到更为广阔的层面与平台。

作为中国乳制品行业的龙头企业——伊利集团在面向未来、经营人才方面有着自己独到的思路与见解，用集团董事长潘刚的话说就是："我们拥有最好的员工，他们踏踏实实，勤勉努力，他们才是伊利真正的英雄。"

在伊利的大家庭中始终盛行着这样一句口号，那就是"先做伊利人，后做伊利事；欲出好产品，先塑好人品"。在董事长潘刚看来，对于一个食品行业来说，最重要的就是食品的安全与健康问题，这样的负面案例在近些年来也是层出不穷，影响恶劣。食品安全不仅是消费者和普通百姓关注的重点，也是一个企业的立足与发展之本。伊利集团一贯倡导：安全与健康高于利润与财富，社会责任永远高于商业价值。如果要实现这一切，人就是其中最重要的因素，也是根本中的根本。

在伊利，人才的选用与培育成为了企业经营发展中的重中之重，董事长潘刚始终认为，企业如果要做大做强，想要在未来市场经济的较量中始终立于不败之地，就要将发展的眼光放到未来的某个基点上，从而进行全面的变革、整合与颠覆，而实现这一切的要求就是要学会对人才的经营。在伊利，为了促进员工的有效成长，为员工提供一个更大更广阔的发展舞台，每年在员工培训方面投入的经费就高达千万，同时还建立了伊利商学院。为了表彰与鼓励表现优秀的员工，集团内部特别设立了诸多奖项并定期发放奖金。同时伊利还为员工提供了诸多具有竞争力的福利待遇，各项福利待遇的项目加在一起已达数十项，其中国家法定的福利项目占20%左右，而企业自定的各类福利项目占80%左右，可见伊利集团对于员工的重视程度。

“在伊利工作，员工会感到具有十足的成就感、荣誉感、成长感和归属感，员工只有快乐地工作才会创造最大的价值和传奇式的精彩！”潘刚的一句话让我深深地感受到了员工对于企业发展与未来的重要性。

企业的发展就要面向未来和经营人才，也只有如此，方能拥有未来，赢得天下！

只有先做未来，才能拥有未来

企业的发展一定要面向未来，因为只有未知的世界才值得去开拓、去发掘、去改变；未来也会给予企业更为广阔的发展空间和更多的机会与选择，作为企业总裁，只有带领企业员工积极的面向未来去开拓和发展，才能使企业拥有一个真正的未来与明天。

无论是企业总裁还是核心员工，在进行企业的建设与发展工作时，务必要站在一定的高度，对公司的发展现状以及未来的发展趋势进行深入的分析与了解，面向未来走好前进的每一步，未来还有更为广阔的探索与发展空间，企业的发展在抓好当下的前提下，一定要看到更远的成果与效益，所以一个真正有发展前途的企业一定是先做好未来，方能拥有一个美好的未来。

林琳是一家母婴用品生产与销售公司的总裁，认识她已经有许多年头了，她的企业的发展与成长的过程我也相对了解一些。林琳是一位独立要强、吃苦耐劳且思想创新、高瞻远瞩的总裁，尤其是在企业的发展和管理问题上，林琳总会有一些自己独到和个性的想法与创意，而将这些想法运用到实际工作中以后，一段时间内也许还不曾出现任何效果，但是好的理念与想法往往经得起时间的考验与磨砺，所以在经过一段时间的市场检验与消费者的认可之后，这些理念便开始发挥出了极大的作用，有的时候甚至让其他同行业企业刮目相看并跟风效仿。

林琳有一颗不安分的心，她时时期待并渴望着变革的到来。在以网络为媒介进行产品的电子营销模式在中国还没有大面积普及的时候，在电子商务还作为一个新兴领域的时候，在其他同行业公司也仍然在采用实体店面销售的方式进行效益提升的时候，林琳已经实实在在地感受到了即将到来的网络风暴，也似乎感受到了电子商务即将带来的崭新变革，于是林琳在当地的业务圈内做了第一个吃螃蟹的人，即在自己公司建立了电子商务网站，将本公司的产品放到了网络上进行宣传与销售，所以当市场上其他公司刚刚意识到网络的巨大影响力的时候，林琳公司的产品已经在网上形成了非常完善的销售链条，并由此获得了效益的快速提升与增长。同时林琳在日常的企业管理工作中，非常善于创新的运用，总是希望并致力于企业各方面的革新与变革工作，以期为顾客带来更好的消费体验与享受。

正如以上林总的做法，作为企业总裁，要善于关注并做好未来的每一步，才能使企业拥有一个良好的未来。作为未来的企业，还应当具有四项基本的特质：渴求变革、全球整合、让创新超出客户的想象、真诚，而不仅仅是慷慨、颠覆性的业务创新。

1. 渴求变革

安于现状是无法获得更大发展空间的，企业的成长务必要善于变化与革新。革新是一种强大的力量，更是一种突破自我的精神；革新能够给企业注入新鲜的血液与旺盛的生命力，让企业重新焕发勃勃的生机与前进的巨大动力。作为企业总裁应当积极的渴求变革，让企业焕发崭新且旺盛的动力，从而加速前行驶向成功的彼岸。

2. 全球整合

企业的发展如果要面向未来，首先就应当将发展与扩张的眼界放到全球的高度之上，只有面对全球的经济市场，才能更好地找到自我的发展方向，了解到自身所处的地位和层次，从而将全球的资源进行整合并加以吸收和提炼，变成自我需要吸收的营养，从而丰满自己的羽翼，创造更大的可能。

3. 超出期望

创新是促使企业不断发展与进步的强大动力，世界因为创新的存在而变得更加丰富多彩并充满期待，企业因为创新的引领而变得更加适应市场的需要，所以创新已不再是企业发展中的特殊而是成为了一种普遍，但是如果将创新做得更加符合未来企业发展的需要，便要从客户的角度出发，努力让创新超出客户的想象，只有超出顾客的想象，才能够引起客户的关注与重视，才有助于企业未来的全面提升。

4. 输出真诚

在这个喧嚣浮躁的世界，人与人之间的相处似乎已渐渐变的流程化与模式化，真诚的减少与信誉的缺失让人们渐渐变得麻木，似乎失去了原有的本真。做企业就是做良心，做企业就是做人情，要想有人情就需要用心地对待每一位顾客，用真心换真心，才能获得顾客的信赖与肯定，所以作为企业总裁、作为前进中的企业，需要拥有的不仅仅是慷慨，而是完完全全的真诚。

领跑者与跟随者的较量是比人

21 世纪什么最贵？答案十有八九是人才。当企业发展到一定规模和阶段之后，要想在激烈的市场竞争中求得更好的生存和发展，企业必须拥有创新的管理思想和运作方法、正确且适合企业实际情况的发展战略以及各项工作的实施策略等，但是人才无疑是影响企业各方面发展的关键与核心。

作为企业总裁，人才战略的实施与人才团队的培养和建设是日常企业管理工作中的重要方面，正所谓：取长补短，人人是才。只要加以正确的引导和培训，每个人都可能从一块平凡无奇的石头变成一枚金光闪闪的宝石，前提是企业领导人要舍得付出、善于关注并乐于培养手下的员工，并给予一定的机会去锻炼他们、磨砺他们和彰显他们。

在竞争激烈的企业商战之中，每个企业都想成为同行业的领导者，然后将追随者远远的甩在后面，所以从某种程度上来说，领跑者与追随者的较量有时候比的就是人，人才是企业总裁和企业之间进行比试与较量的最有力量和胜算的筹码。对于企业来说人才的培养与关注，可以分为两个方面，一方面是注重人才的培养是为了提升企业的整体实力与竞争力，为企业创造更大的价值和效益；另一方面对人才的培养也可能是企业总裁为了培养自己的接班人，以保证企业的基业常青，延续企业的生命力与发展活力。

Abel是一家上市公司的总裁，是一位在企业中兢兢业业地奋斗了将近30年的领导也是员工，他几乎将自己人生最美好的青春年华都献给了毕生的事业，也就是企业的管理和发展工作上。在这30年的管理工作生涯当中，他总结了许许多多有关工作的感悟与总结，但最让他感受深刻的就是企业的人才培养和发展问题，谈到这一问题，他颇有感受地说：“人才的引进与培养工作是企业发展中的重中之重，因为企业中的所有事情都是由人来完成的，人才是企业这座大厦中最大的资本与财富，所以作为企业总裁应当在工作中关注员工的成长与工作，还有关心员工的生活，在工作中给予他们最大的帮助，在生活当中给予必要的关心和爱护，在企业当中努力营造家的氛围和良好的工作环境，让人才愿意留在这里，愿意和企业的领导共同努力实现企业的发展目标，并在实现企业发展目标的过程中帮助员工做好个人的职业发展规划，只有考虑到员工的发展，企业才会有更大的发展。”

Abel又和我说道：“我自己就是一个很好的例子，正是因为这里所给予我的帮助和发展，才让我当初没有流失掉，坚定了在这里奋斗的决心，最终也获得了属于自己的一片天空。除了我自身的刻苦努力之外，企业对我各方面的帮助和引导也是非常大的，我要感谢我的第二个家，我的公司和企业。如今，我快要到了退休的年龄，也更加关注企业人才的培养，希望可以发掘出优秀的企业接班人，以保证企业基业的常青，我也就可以安心地退休养老，安度晚年了。”

Abel的一番话向我们揭示了人才对于企业现在与将来发展的重要性，培育与经营人才不仅是企业发展的需要，也是企业香火延续的需要。人才也同样是企业领导者与追随者之间最大的较量筹码，所以人才的管理、经营和培育工作势必要放到重中之重的位置。

1. 人才的引进是前提

让人才在企业的发展中发挥作用的前提就是先要积极地引进人才，关于人才的引进工作作为企业总裁要注意以下几点：首先作为企业自身需要提供适合人才存活与发展的空间和环境，要为人才提供发展的良好条件才能让人才愿意来；其次人才的引进要根据企业的实际需要来设定，虽然目前的人才荒现象让许多企业感到了一定的危机感，并大量的储备人才，但在人才储备的同时却往往没有做到考虑需要，造成了资源的浪费，同时也没有做到对人才的高度负责；最后人才的引进一定要进行多方面多角度的考评，考评的标准可根据公司的个性情况和发展特点，以期为企业招得最适宜的人才。

2. 人才的培育是基础

人才引进之后，下一步的工作就是人才的培育。人才的培育是多方面的，首先在正式上岗前要进行全面的培训，培训的内容主要包括公司的企业文化、各项规章制度和要求、本岗位的工作内容以及工作标准、认识并了解本岗位内部与外部的关系范围，同时还要熟悉身边的同事；其次要通过该员工的直接领导人对员工日常工作的各方面进行全方位的指导、关注与细微的引导；最后要帮助员工建立长期的个人发展规划，让员工了解在这里工作可以看到美好的未来和前途的无限光明。

3. 人才的激励是关键

对人才的有效激励不仅能够提升员工士气，更重要的是员工在受到激励之后，能够最大限度的将其转为工作的动力，从而更好地完成各项工作。所以企业总裁和公司领导对员工的激励应当是随时随地的，不应吝啬自己对员工的激励，同时还要注意激励的方式并考虑激励的效果。例如激励本身就分为正面激励和反面激励，不论哪种激励只要利用得当，都会起到事半功倍的效果。

三维智慧风暴实战策略

变革：了解人、认识人，无所不能

企业之间的竞争，归根结底就是人才的竞争，人才已经成为企业发展的制胜法宝、赢得市场的关键筹码。在世界经济一体化的环境下，企业既要凝聚人才、培养人才、激活人才，又要把用好人才落到实处，实施“人才强企”战略，就必须用发展、改革的办法破解人才工作中的难题与积弊。企业必须建立系统的科学的人才培养、选用、奖惩、晋升、淘汰管理制度和激励机制，在人才合理配置上，充分发掘企业现有的人才资源，通过各种激励手段，不断引进人才、培养人才，从而使企业获得长足的发展。企业要想在激烈的市场竞争中占据一席之地，做好人才引进、培养和使用是至关重要的一个环节。

前段时间受PL公司人力资源部的邀请，我为该公司新近招聘的一批中高层管理人员以及原有的骨干人员进行了一次入职与阶段成长培训。

与PL公司的合作已经很多次了，彼此之间已经建立起很好的合作关系，与该企业的总裁刘天华先生也是非常好的朋友，我们总是有很多话题可以讨论和沟通，相互的交换意见以及思想的交流，让我对他在企业管理的很多方面都有了更深的了解和认识。

在培训课程的进行当中，我与所有的培训学员就人才的经营方面做了深入的探讨与学习。首先，我发现PL公司对人才的引进及其运用都是非常的重视和关注的，在人才的管理与使用方面也建立起了一套完整的运作机制与相对成熟的运作策略，公司愿意花费大量的时间、精力和物力去认识大家、了解大家，关注每个人的成长与贡献，并愿意给予各位必要的帮助与提携。同时每一名加入到公司的新人，也会不断感受到成长与发挥空间的相对自由与人性化，相信在这里能够实现自己的梦想，并在努力实现公司与团队价值的同时实现自己的人生与发展的价值。

培训结束后，我与公司刘总进行了愉快的沟通和交流，我逐渐发现刘总对人才的认识和了解方面有着非常深刻的见地与想法：

首先，他认为员工才是构成企业发展与进步最重要的因素和砝码，没有人就没有一切，也就不会换来企业良好的现在与优秀的未来，所以在人才的培训与关注方面他总是能够并愿意投入更多的精力与思考，从而使员工在各方面得到锻炼，使企业在快速发展和扩张的同时，自己的能力也得到了更大的提升与更好的锻炼。

其次，刘总非常善于在日常工作中通过对工作的完成态度、完成质量等各方面对员工加以认识、了解和分析，无论是员工的工作效率、工作积极性、工作的责任心还是心理情绪的变化等各个方面，他几乎都能洞察秋毫，分析得恰当好处。

最后，刘总始终认为没有不可用的人才，只有不会利用人才的笨蛋，这句话虽然说的稍显片面，但道理却是显而易见的，那就是其实每个人都有自己的优势与闪光点，主要看是否得到了正确有效的开启和发挥，作为一个企业总裁或高层领导，如果能够真正做到了解人和认识人，那每个人都会成为不可多得的人才，每个人都会发挥无所不能的威力与力量。

可见，企业要想在未来获得长足的变革与突破，就要在人才方面下足工夫、做足功课，因为人才是推动企业发展的关键所在。做好变革的第一步，就是先要了解人、认识人，让人才发挥无所不能的作用和效果。

1. 企业变革，要善于全面系统的了解人和认识人

一个面向未来发展的企业要勇于变革，即革新新思想、新战略、新方法与新人才。经营人才的重要性是不言而喻的也是关系到企业发展的重要因素，作为企业总裁要学会并练就看人、识人、选人与用人的本领和技能，为企业未来的全面发展与革新打好基础，做好铺垫。如何更好地了解人才和认识人才，就要深入到实际工作中去与员工建立更为紧密的关系，通过对员工工作内容的了解与关注，掌握员工的工作态度、工作方法与思维技巧，并通过与员工的直接领导人、同事、朋友的沟通全面系统的多角度的对员工进行全面的了解和认识。

2. 企业变革，要善于全面系统的运用和整合人才

企业要想赢得发展的未来，必须要在人才的问题上学会系统的整合，人的因素决定一切，良好的资本运作可以使一个公司得到快速的发展和壮大，却无法让一个公司永葆青春，屹立不倒，能够让企业立于不败之地的就是人才的经营与系统的整合。要想整合人才，首先就要整合员工的思想，企业领导要通过各种有效方法将员工的思想统一到企业的发展上来，让员工的思想与企业的发展保持高度的统一，心甘情愿地在企业奋斗并实现人生的价值；其次要面对竞争对手的“挖脚”，优秀的人才很多企业都想拥有，凭什么让其留在自己的企业，这就需要企业领导人充分挖掘自身的特色优势，考虑到员工的利益，站在员工的发展角度为其着想，从而使员工心甘情愿地留在自己的企业；最后就要平衡企业与员工的利益，企业聘请员工主要是为了实现发展的价值，但员工出来工作主要是为了实现自我价值，如何平衡这二者的关系，主要在于探索如何在保证实现企业价值的同时让员工实现个人价值。

3. 企业变革，要让员工变成无所不能的全面人才

企业要变革，就要迫使员工成长为无所不能的全面型人才，无论是员工的工作能力、思考能力、全面的管理与统筹能力以及人际关系能力等都需要得到全方位的锻炼与提升。作为企业以及企业的领导人要给员工提供锻炼的机会与资源，例如丰富多样的培训活动、员工活动、拓展集训活动以及良好的工作环境、融洽的工作氛围和学习进修与交流互动的机会等，从而全面提升员工能力，早日成为企业需要的全能型人才。

整合：选对人、育对人，基业常青

企业的发展是漫长艰辛的探索与跋涉的过程，企业基业的奠定与不断积累壮大的过程需要的往往不是一代企业管理者的努力与付出，而是需要几代人的辛苦接力来完成。如何保证企业基业的常青与生命的延续，关键在于企业接班人的选择与培养；接班人的选择不仅关乎企业资本与财富的延续与传承，更是关乎事业的发展与壮大。所以接班人的选择因为被赋予了多重使命，而变得格外敏感与沉重，我们常常看到许多企业的总裁和领导人一方面总是在刻意地回避这个现实而敏感的问题，另一方面却不得不苦苦地寻觅合适的接替人员。

谁都希望自己辛辛苦苦创立或者培育的企业能够在自己退休之后，依然保持旺盛的生命力、强大的战斗力与市场的适应力，如果要实现这一切，就要善于全面整合企业内的人才，通过确定和持续跟进与追踪重要岗位的高潜能人才，即具有高效管理能力的高端人才，并对这些重点岗位的人才进行全方位的开发与培育，为公司的可持续发展与基业的稳固打下坚实的基础。

在一次企业总裁高端课题的研讨会上，我正巧碰到了 YY 公司的企业总裁杨总，热情的招呼与照例的寒暄过后，我发现杨总的脸色好像不太好，便关切地问道："杨总，最近是不是太辛苦了，脸色看起来不太好，要注意健康！"

"最近几年身体一直不太妙，医生建议我休息调整一段时间，可我哪有时间啊，每天公司都有一大摊子的事需要处理，需要我拿主意并签批文件，我就算有三头六臂都处理不完啊，休息只能是一个美好的梦想。而且再过几年我就该退休了，不瞒你说，一想到退休的话题我就更加的头痛，我的接替人还不知道在哪里，如果哪一天我撑不住了，都没有合适的人接替公司这一摊子事情！"

对于一个企业来说，接班人的选择事宜的确应当早做计划，因为这不仅关乎到企业负责人的个人利益，更是关系到企业的长远发展利益，所以我的建议是：企业总裁应当在打算退休或离任的 5～6 年之前就做好计划和打算，然后制订出一套完整的接班人培养计划，并按照计划的要求一步步地加以推进和实施。在逐渐明确了接班人的培养范围之后，就要有所选择和针对性的给予必要的关注，涉及的范围当然越广泛越好，毕竟接班人所应具备的能力应当是多方面的。同时最让总裁感到头疼的应该就是接班人的选择方式，到底应当是继承、内定还是外聘确实应该进行一个全面系统的思考，如果是民营企业，势必会面对这种的选择，但不管是哪种方式，重要的不是方式，而是用什么样的制度与标准来选择，选择确认之后要进行怎样的持续培养与全面训练。

通过与杨总的沟通和交流，我们在企业负责人的甄选方面达成了一致：企业的发展势必要面向未来，而企业的未来不可能完全由今天的领导者将其带到目的地，往往要靠未来的领导者。

如今许多企业负责人和杨总一样，可能还有不到五年的时间就要退居二线了，说实话如果现在有一个非常适合的接班人，他宁可马上让位回家养老，做个不插手企业运营管理的公司董事也未尝不可，所以要从现在开始计划筹备企业接班人的选培计划，并一步步有条不紊地予以实施，相信功夫不负有心人，企业终将会找到真正适合于自己的企业接班人。

企业未来的全面整合除了岗位人才的整合，最重要的还包括企业接班人的培育与整合，作为企业总裁只有选对人、育对人，才能保证企业基业的常青。

1. 企业接班人的选择与培育要早做规划早准备

关于企业接班人的选择与培养工作一定要早做打算、早做准备，虽然很多企业总裁总是试图逃避这个问题，但逃避不代表不存在，很多事情早晚是要面对的，与其逃避面对不如早做安排。所谓“凡事预则立，不预则废”，接班人的选择与培育宜早不宜迟，相关企业专家给出建议：企业起码要在核心领导者计划退下前的4～5年就开始着手安排实施接班人队伍的培养计划，这样不仅有利于企业的持续发展，同时对人才的选择范围更广，培养与考核的时间更长，对人才各方面的了解将更加全面与扎实。

2. 形成一套完备的培养计划并逐步推进实施

由于我国传统文化的影响以及企业管理方式的根深蒂固，致使很多企业没有公开研讨并制订企业接班人计划的意识和习惯，等到企业领导人突然发生了某些变故或者意外的伤亡事件后，才突然意识到企业高端储备人才的选择与培养工作是多么的重要，所以许多企业慢慢意识到了问题的重要性与严重性，便开始早早着手制订企业接班人的培养计划。企业接班人培养计划是指企业通过一系列的考察与实践活动锁定了公司高端岗位的关键人才，即具有企业管理与运筹帷幄的全方位潜力的高级管理人才，并对他们实施明确的定期的培养开发与培养深造，从而为企业接班人的选择提供必要的后备力量与选择空间。

3. 企业接班人的选择可继承可内生亦可外聘，重点在于培养

还有一点需要企业总裁给予关注与重视的内容就是接班人的选择方式即选拔模式。除去国有企业之外，目前在中国的民营企业当中，75%以上的企业都是家族企业，然而经一项权威调查资料表明，家族企业中能够保持富过三代的可谓是寥寥无几，究其原因，便是接班人的选择问题。所以对于接班人的选择方式大概有以下几种：首先是家族继承式，即传给自己家族的成员，因为人们往往认为江山是由自己家族打下的，很自然要传给自己家的人，正所谓肥水不流外人田，这种模式虽然满足了家族的心理，很多家族继承人因为之前也在企业工作，因此上手较快，但会较为缺乏创新与开拓精神；其次便是内部培养的形式，由于选择的往往是企业老将，对业务和公司情况都非常熟悉，但容易引起内部争斗，需花长时间的磨合方能稳固其位置；最后便是外聘形式，即聘请经验丰富的职业经理人，目前此种方式的选择概率较大，但也容易出现“水土不服”的情况。总之企业选择哪种模式确立企业接班人都不是最重要的，重要的是依靠什么样的制度和标准来选拔，以及如何进行后期的培养。

颠覆：会做人、只做人，锦绣前程

常言道：“做人难。”做人是一门学问更是一门功夫，但绝不是一时之功，而是要在人的一生当中去不断学习与不断积累的一门功课。学会做人，要努力从一言一行和一点一滴做起，持续地提升自己、陶冶自己，做一个品德高尚的人、有道德有品行的人。作为企业的高级管理人才，在学会做好自己的同时还要努力让企业的员工做到最好，教导他们如何更好地做事，如何更好地做人，如何处理复杂多变的人际关系以及如何通过做人做事的点滴细节成功的推动企业的发展并实现自我的人生价值。

人对事物的态度可以分为两种：消极与积极。消极的处世态度会让人变得毫无上进心、烦躁、懒惰、怨天尤人，碰到问题不去想如何解决而是一味的埋怨和推卸责任，这样的人怎么会有发展，企业又如何会喜欢？另外一种人就是积极的人，他们对待生活和工作充满热情与向上的动力，工作努力勤奋认真，饱满的激情与充沛的活力不仅让自己始终保持旺盛的生命力，更重要的是可以感染并带动许多身边的人，这样的人不仅时刻为公司创造价值，同时也实现了自我的价值，哪个老板不喜欢，又有哪个企业不想要呢？

在企业当中，包括企业老总在内的所有人必修的一堂课便是如何做人，它涵盖的内容其实相当广泛，包括个人素质的彰显、如何与老板及其同事相处、如何成功绕过职场中的种种陷阱、如何按照公司的意愿更加完满的完成各项工作以及如何平衡企业与自我的多方面关系等，学会如何做人不仅能够使自己在企业中的发展变得更加游刃有余，同时也会最大限度地提升自我价值并实现自己的理想。

在一次培训交流活动中，我恰巧碰到了曾经培训过的某公司总裁王鹤鸣先生，老友相见，分外开心。

他坦诚地向我说起最近发生的一件颇让他烦心的事情，那就是他将一个各方面可以说都较为优秀也很有发展潜力的部门经理辞退了，而辞退的原因恰恰不是出在他的工作方面。

我探寻其原因，王总坦露心扉："辞退他真的不是我的全部本意，主要是来自于员工的强烈意见，为了安抚大多数员工的心理，也为了不影响公司大方向的工作推进，我只得将其辞退了。"

说着，王总露出了一脸惋惜的神情："其实他是一位工作认真且勤奋刻苦的员工，在一线做了几年的时间后，经过自己的不断努力终于坐上了管理者的岗位上，后又经不断的努力与实践，成为了销售业务部的经理，他这个人在工作方面没的说，积极爽快，雷厉风行，就是有一点不好——嘴不好，心直口快，往往因为工作的原因将员工教训的无地自容，甚至伤害到员工的自尊心。”

对此，我表示理解：“为了工作本没有错，但是没有选择适当的方法加上情绪的难以自控直接导致他所期望的工作不仅没有预期的完美，更重要的是团队中的成员渐渐疏远了他，对他不再忠心耿耿，对工作也充满懈怠、敷衍了事，大家都不愿意和他保持沟通，严重阻碍了工作的正常开展。”

王总感叹道：“因为这些问题我也和他单独沟通过，他虽然有所改观但情况并没有太大的转变。直接导致他与部门员工激化的一件事是他将员工的私事演化成了众人皆知的故事，而且传的有鼻子有眼，员工对他的不满瞬间演化成了无法调和的矛盾，无奈之下我只得将他辞退，否则难以安抚大众，也无法正常的推进各项工作了。”

无论是作为企业的核心领导还是普通员工，在日常的工作当中首先要了解如何做人，其次就要像按照这个标准不断地完善和提升自我。职场中不是你的工作能力突出就一定会获得好的发展空间，做人的要求还有许多方面，学无止境，想要获得一个锦秀而美好的前程，所要走的路还有很长很长。

1. 学会做人，掌握与领导、同事及其下属的相处之道，绕开雷区陷阱，避谈个人隐私

学会做人，首先就要学会如何更好地与领导、同事及其下属保证融洽和谐的关系，每个人都是独立的个体，都有自己的思考方式与相处之道，我们要在尊重对方的基础上与对方保持适当的距离，尊重对方的喜好与工作方式及其意见想法，从而达到彼此的信任与理解。同时要学会绕开工作中的雷区与陷阱，“小心能驶万年船”绝对是有道理的。最后还要避免谈论自己及其对方的隐私，因为每个人都有自己的底线，这个底线只能留给自己，其他人是无法碰触的。

2. 学会做人，避免违反工作明令禁止的各项规定，学会正确的提出个人的想法与意见

公司总会有这样那样的规定，作为企业的一分子，一定要避免违反这些明令禁止的各项规定，否则你不仅会遭到上级的批评与同事的厌恶，甚至会有被开除的危险；同时为了保证工作的有效开展，我们往往会在工作中提出各种各样的要求，切记要求的提出一定要讲求方法和形式，注意场合与地点、时间，不要让你的老板难堪，你的想法就有实现的可能。比如你想加薪，不要总是在背后和朋友谈论，如果觉得自己符合加薪的要求就直接向上级提出，否则没有人知道你的真正想法，加薪的目标也就会变得更加遥遥无期。

3. 会做人，只做人，努力成为最有价值的领导或员工，编织职业发展的锦绣前程

活到老，学到老。无论是作为企业总裁、管理人员还是普通员工，做人都是一辈子的必学功课，且知识永远是学海无涯、学无止境；要想让自己成为企业当中的最有价值员工，就要努力在各个方面完善自己与提升自己，不仅仅是工作与能力，更重要的是做人与做事，只有学做人、会做人，才能不断编织出职业发展的锦绣前程。

后记

鹰之重生，点燃生命之光

合上书卷，闭目静思，你是否已经找到或想到经营企业中的一些思路或细小的启示？你是否对照自己是总裁的第几段？你是否会作一些企业的变革？若能吸取精华，重新审视，就是我写这本书的价值体现。真心希望你开始思考如何准确地对症下药，突破企业发展中的各项难题，跃跃欲试地想要快马加鞭的前行。

如果本书能够让处于摸索与突破中的各位总裁在企业管理方面收获崭新的开拓思路、全新的管理方法以及创新的发展策略，作为长期致力于企业高管特训工作的职业培训师，我是深感荣幸与欣慰的。因为在撰写此书的过程中，我将自己飞越全国30多省市区的培训工作阅历、积累经验和自身的总结感悟融进其中，同时将中国当前市场经济发展中的诸多问题及其对处于发展壮大中小型企业的影响都进行了充分合理的融合，尤其是将与许多知名企业总裁的交流内容也转化为书中的语言和观点，以供各位参考并予以实际的运用。

你知道世界上最长寿的鸟类是什么吗？是鹰！

鹰的寿命可以达到70岁，但你知道它在40岁的时候需要经过残酷的蜕变与顽强的重生吗？鹰在40岁的时候，它的喙开始变得又长又弯，爪子也开始出现老化，翅膀也变得越来越沉重……如果不进行蜕变，鹰将无法捕捉猎物、翱翔天空，于是它们开始进行长达150天的残酷蜕变：

它们先要在悬崖上筑巢，不断用喙击打岩石，使喙完全脱落以便长出新的喙，再用新长出的喙将老化的趾甲一根根地拔出来，即使鲜血直流、疼痛难忍，也要继续坚持；等新的趾甲长出来之后，再用新趾甲将身上的羽毛全部拔掉。4个月后，当新的羽毛重新覆盖鹰的身体，它便完成了整个重生的过程，可以重新翱翔天空，再增加30年的寿命。也许你会说这种蜕变的规程过于残忍，但是想要获得重生并延续自己的生命，作为鹰，它们别无选择。

中国实行改革开放已经30余年，为什么有无数的企业在发展过程中碰到瓶颈和阻碍，只有极少数的企业能够顽强突破，获得成功，而大多数企业却最终葬身大海、尸骨无存？太多的事实给予我们一个深刻的道理：如果企业想要获得突破性与持续性的发展，就要像鹰一样拥有蜕变的锐气，勇于变革并突破创新，而能够促使企业实施变革与创新的就是企业总裁，虽然过程痛苦，但蜕变后的硕果却是格外甜美，正如阿里巴巴集团主席马云所说："今天很残酷，明天更加残酷，后天很美好，但大部分企业死于明天晚上而看不到后天的太阳。"只有历经蜕变，方能收获强大，才能像鹰一般翱翔天空。

任何一个企业都要经过四个发展阶段：创业期、发展期、高效期以及衰退期。

如今世界经济发展的资本时代已经到来，中国企业资本并购与整合的大幕已经徐徐拉开，世界不同了，时代不同了，市场不同了，企业要想获得更大的发展必须要紧跟时代的步伐勇于走向变革的道路，而这一切都需要企业总裁先从革自己的命开始。作为企业总裁，你的水平决定着企业未来的发展命运与生死存亡，不同层次的总裁所能够带给企业的发展水平也是不同的，这就好比跆拳道与柔道选手也有一段与九段之分，我们的目标就是要培养九段总裁，使其不仅能够掌控企业当前的发展，更能引领企业走向光辉的未来。

相信读过此书，您已经找到了提升自我的方法与管理企业的秘籍，那就从现在开始下定决心、做出选择。在您下定决心努力变革的那一刻，也正是企业即将发展与腾飞的一刻，因为只有总裁向前迈进了一小步，企业的发展才会向前迈出一大步！相信您与您的团队、您的企业一定会得以重生，因为鹰之重生，才能企业常青！

最后用三维智慧做一个总结：

企业经营三维论

人之初，性本恶，要他做，制度管；

人之初，性本勤，激励他，土成金；

人之初，性本善，你和我，一起干。

本书能得到顺利出版，我要感激、感恩、感谢！

首先，要感激以邓明为首的制作团队，感激他们的耐心与专业并多次给我专业性的建议！

其次，要感恩我的妻子胡群莲女士及儿子吴谛轩、吴文轩和女儿吴晓轩三个孩子，我长年四处在外讲学游学，未能有时间陪伴他们，谢谢他们对我默默的支持与宽容！

最后，要感谢我的国家、感谢我曾服务过的企业及生我养我的父母亲。我生于斯长于斯，我成长在国家和平的年代，我很荣耀我是一个中国人，我很乐意服务中国企业走向世界！

吴群学

2012 年 4 月 21 日于合肥